MGE

C·H·Beck
PAPERBACK

HERIBERT PRANTL

Not und Gebot

GRUNDRECHTE
IN QUARANTÄNE

C.H.Beck

© Verlag C.H.Beck oHG, München 2021
www.beck.de
Umschlaggestaltung: geviert.com, Christian Otto
Satz: Janß GmbH, Pfungstadt
Druck und Bindung: Druckerei C.H.Beck, Nördlingen
Gedruckt auf säurefreiem, alterungsbeständigem Papier
(hergestellt aus chlorfrei gebleichtem Zellstoff)
Printed in Germany
ISBN 978 3 406 76895 8

klimaneutral produziert
www.chbeck.de/nachhaltig

Inhalt

Was auf dem Spiel steht	7
Die neue Fremdheit der alten Welt	21
Grundrechte in Coronien	37
Vater Staat und seine Kinder	99
Gott allein zu Haus	109
Das Virus R	121
Um Leben und Tod	137
Endzeiterzählungen, Zombiegeschichten	149
Von Corona aufgefressen	161
Vom Aufatmen	193
Quellen	199

Was auf dem Spiel steht

++

Es ist eine Stimmung entstanden, die Grundrechte
in Krisenzeiten als Ballast und Gefahr betrachtet.
Was tun?

++

Es gibt Tage, an denen schon überholt ist, was gestern noch für undenkbar gehalten wurde. Wir haben viele solche Tage in der Corona-Krise erlebt: Schulen geschlossen, Kindergärten geschlossen, Theater geschlossen, Museen geschlossen, Geschäfte geschlossen, Sportanlagen geschlossen, Gaststätten geschlossen, Hotels geschlossen, Grenzen geschlossen, Versammlungen und Demonstrationen verboten. Wir haben erlebt, wie Kontakte kontrolliert, Maskenpflicht vorgeschrieben und Abstandsregeln verordnet wurden, wie Kindern das Ballspielen verwehrt wurde und Spaziergängern das Sitzen auf der Parkbank. Wir haben erlebt, wie dekretiert wurde, ob und wo man sich mit wem treffen darf. Wir haben erlebt, dass man sterbende Angehörige nicht mehr besuchen, nicht einmal mehr sehen durfte. Wir haben erlebt, wie diese Regeln penibel kontrolliert und bei Zuwiderhandeln stattliche Bußgelder kassiert wurden. Die Alten in den Pflegeheimen wurden isoliert, die Kranken in Krankenhäusern auch. Wir haben erlebt, wie Ostern entfestlicht und Weihnachten entweihnachtet wurde – weil strenge Kontaktregeln das gewohnte Feiern unmöglich gemacht haben.

Wir haben erlebt, dass der Staat sehr detaillierte und kleinteilige Regeln erlassen hat, um die Bürgerinnen und Bürger vor Corona und vor sich selbst zu schützen. Auf sehr kleinkariertem Papier, auf Millimeter-Papier quasi, war eingezeichnet, was die Bürgerinnen und Bürger gerade dürfen und was nicht. Das Leben der Menschen wurde, wie man das sonst mit Geschenken und Geschenkpapier macht, in dieses Millimeterpapier eingewickelt. Noch nie in der Geschichte ist das Leben der Menschen außerhalb von Gefängnissen so strikt reguliert worden wie in der Corona-Zeit. Jede einzelne der vielen Verbots- und Kontrollregeln hätte in anderen Zeiten zu Aufständen geführt. In der Corona-Zeit wurden sie überwiegend akzeptiert, begrüßt, ja es wurden sogar noch Verschärfungen gefordert, weil man sich davon Sicherheit und Gesundheit versprach. Die Sicherheitsgesetze, die zur Zeit des Terrorismus verhängt wurden, fanden in der Corona-Zeit nicht nur ihre begrüßte Fortsetzung, sondern ihre willkommene Potenzierung. Der israelische Historiker Yuval Noah Harari meint daher: In fünfzig Jahren werden sich die Menschen gar nicht so sehr an diese Epidemie erinnern; stattdessen werden sie im schlimmsten Fall sagen, dass im Jahr 2020 mithilfe der Digitalisierung die allgegenwärtige Überwachung durch den Staat begann.

Wir haben erlebt, dass das Sichere nicht mehr sicher ist und das Sichergeglaubte nicht mehr hält, und dass Grundrechte als Ballast und als Gefahr gelten im Kampf gegen Covid-19. Was eigentlich Irrsinn ist, galt und gilt, wenn es um Corona-Prävention geht, als sinnhaft, als geboten, als alternativlos, als absolut notwendig, als noch lang nicht ausreichend. Der Big Brother, also der Präventionsstaat, der sich zuvor mit Video- und Kommunikationsüberwachung, Vorratsdatenspeicherung und Gendateien bei vielen verdächtig gemacht hatte, wurde in der Corona-Zeit ein Freund und Partner. Und nicht wenige schauten mit sehnsüchtigen Augen nach Fernost, wo der Big Brother, zur

Prävention und Repression von Corona, noch viel bigger ist als in Europa – wo die Kreditkartendaten an die staatlichen Stellen weitergemeldet werden, wo Überwachungskameras dicht an dicht stehen; wo Menschen ein iPhone bei sich tragen müssen, mit dem ihre Bewegungen nachverfolgt werden können (und wer kein Handy hat, kriegt einen Token, eine Art Bewegungsmelder, an den Schlüsselbund).

Corona, die Angst davor und die Maßnahmen zum Schutz vor Covid-19 haben geschafft, was die Weltkriege nicht geschafft haben: Selbst die Kirchen wurden geschlossen, Hochzeiten und Taufen fielen aus, Firmungen wurden abgesagt und Konfirmationen; Beerdigungen durften nur noch im kleinsten Kreis stattfinden. Der Ausnahmezustand lugte nicht mehr nur um die Ecke, er war da. Und es herrschte eine allgemeine Stille, auch darüber.

Vor dem Lockdown des wirtschaftlichen und gesellschaftlichen Lebens im Frühjahr kam der politische Selbst-Lockdown des Parlaments. Der Bundestag hat es ermöglicht, dass von der Exekutive Rechtsverordnungen erlassen werden können, die von den Gesetzen abweichen. Auf diese Weise ist in den Corona-Monaten eine untergesetzliche Parallelrechtsordnung entstanden. Das hat ungute Auswirkungen; zu diesen Auswirkungen gehören auch die zum Teil völlig irrationalen Proteste gegen die staatliche Pandemiebekämpfung.

Der Bundestag hat in der historischen Corona-Zeit auf intensive Diskussionen zu Covid-19 weitgehend verzichtet; er hat es zugelassen, dass parlamentarische Beratungen und Abstimmungen ersetzt wurden durch Merkel-Söder-Laschet-Prozeduren. Der Bundestag hat es geduldet, dass per Verordnung Grundrechte auf- und zugedreht wurden – gerade so, als hätte ein Grundrecht Armaturen wie ein Wasserhahn. Der Lockdown und dessen Verlängerungen wurden nach vertraulichen Beratungen der Kanzlerin und der Ministerpräsidenten in Pressekonferenzen verkündet – ex cathedra, ohne jede Beteiligung des Parlaments.

Der Bundestag hat es billigend in Kauf genommen, dass mit kleinem untergesetzlichem Recht große fundamentale Entscheidungen getroffen wurden. Mit begründungslosen Verordnungen hat die Verwaltung die Versammlungs- und Religionsfreiheit aufgehoben, die Freizügigkeit abgeschaltet, gewerbliche Tätigkeiten massiv beeinträchtigt, das Recht auf Bildung und Erziehung verdünnt; alte und behinderte Menschen wurden nur noch unzureichend versorgt. Die Beachtung des Verhältnismäßigkeitsprinzips bei all diesen Maßnahmen hat die Exekutive an die Gerichte ausgelagert. Und also wurde verordnet, dass selbst das Sitzen auf einer Parkbank als Gefahrenquelle für das Gesundheitssystem zu gelten habe.

Der Schweizer Schriftsteller Friedrich Dürrenmatt war seiner Zeit weit voraus. Er hat sein Stück zur Corona-Krise schon im Jahr 1952 geschrieben. Es ist dies eine surreale Kurzgeschichte, die heute, Jahrzehnte später, gar nicht mehr so surreal ist. Sie heißt «Der Tunnel». Es ist dies ein Stück über den Schrecken, der plötzlich in den Alltag eindringt, ein Stück über das Leben, das eigentlich in geregelten Bahnen verläuft – aber auf einmal aus der Bahn geworfen wird. Hauptperson ist ein 24-jähriger Student, der im Zug sitzt auf einer Strecke, die er oft fährt. Es fällt ihm auf, dass der Zug ungewöhnlich lange durch einen eigentlich sehr kurzen Tunnel rast. Die Unruhe des Studenten wächst, während die Mitreisenden nicht beunruhigt sind. Der Schaffner versichert auf Anfrage, dass alles in Ordnung sei. Der Zugbegleiter kann sich den langen Tunnel nicht erklären. Der Führerraum der Lokomotive ist leer, der Lokführer ist nach fünf Minuten abgesprungen, der Zugbegleiter an Bord geblieben, aus Pflichtgefühl und weil er schon «immer ohne Hoffnung gelebt» habe. Die Notbremse funktioniert nicht, der Zug rast immer schneller und schneller in den dunklen Abgrund. In der Erstfassung endet die Geschichte mit dem Schlusssatz: «Gott ließ uns fallen und so stürzen wir denn auf ihn zu.» In einer neuen Fassung von 1978 strich Dürrenmatt diesen Satz. Am Ende steht hier das Wort «Nichts».

Corona verunsichert. Corona treibt die Menschen um. Corona macht Angst. Corona trägt Stress in Familien und Freundschaften. Corona zerstört Lebensrhythmen. Corona ist Entheimatung. Corona hat nicht nur eine andere Beziehung zu den Mitmenschen hergestellt, Corona stellt eine andere Weltbeziehung her. Corona macht Flächen zu Angriffsflächen, die Tiere zu Virenträgern, die Dinge zu Bedrohungen. Die Welt wird fremd. Bleibt das so? Werden die Entfremdungsregeln künftig bei jedem neuen Virus von Neuem aktiviert? Der permanente politische und mediale Alarmismus hat der Gesellschaft nicht gutgetan: «Fürchtet euch», war die Botschaft, die Politik und Medien über Monate verbreitet haben. Die Weihnachtsbotschaft heißt: «Fürchtet euch nicht». Mitten im zweiten Lockdown hatte diese Botschaft die Kraft nicht, die sie gebraucht hätte.

Nicht die Freiheit muss sich rechtfertigen, sondern ihre Beschränkung und Begrenzung: So lernen es die Juristen schon im Anfängerseminar. In der Corona-Zeit begann dieser Satz zu wackeln und zu bröckeln. Daher war die Lehre von der Verhältnismäßigkeit der Mittel noch nie so wichtig wie in der Corona-Krise. Wenn diese Verhältnismäßigkeit der Politik, wenn sie den Regierungen und den Verwaltungen nicht so wichtig ist, dann sind die Gerichte dazu da, Recht und Freiheit auch gegen das Virus tapfer zu verteidigen. Der Satz von der Verhältnismäßigkeit der Mittel ist kein Wischi-Waschi-Satz. Es ist ein Satz mit Substanz, ein Kernsatz des Rechts. Und «Maß halten» – das ist kein Wort zum Schmunzeln, sondern ein Wort, das die Grundrechte vor übermäßigen Eingriffen schützen soll. Die Verwaltungsgerichte in Baden-Württemberg, Niedersachsen, Brandenburg, Mecklenburg-Vorpommern und Schleswig-Holstein haben das getan, als sie im Herbst 2020 die von der Verwaltung angeordneten Beherbergungsverbote aufgehoben haben.

Unlängst hat mir ein Leser wegen solcher Kritik geschrieben, ich sei ein «juristischer Erbsenzähler». Ich sei einer, der «immer besorgt mit dem Grundgesetz in der ersten Reihe sitzt». Und ein anderer Leser riet mir: «Hören Sie doch endlich einmal auf mit Ihren Grundrechten». Für alle, die Ähnliches schreiben möchten, vorweg: Das lohnt nicht, ich werde nicht aufhören; deshalb dieses Buch.

Meine Grundrechte? Ich habe geantwortet, dass es doch auch seine und unser aller Grundrechte seien. Aber mein Kritiker erklärte mir, ihm sei jetzt ein guter Impfstoff gegen Covid-19 lieber als der Grundrechtekatalog. Und bis dahin sei keine Zeit, um zu lamentieren und zu kritisieren; es sei vielmehr höchste Zeit, gemeinsam, geschlossen und entschlossen alles zu tun, um der Corona-Gefahr zu begegnen. Es gehe um Leben und Überleben, um Leben und Tod – und da müssten halt die Freiheitsrechte einige Zeit kürzertreten.

Um Leben und Tod, ja. Darum geht es übrigens nicht nur bei Corona, sondern auch bei Entscheidungen über Umwelt- und Klimaschutz, über Verkehrspolitik, Asyl und Waffenexporte, wo man die Toten oft nicht zählt und ihren Angehörigen nicht kondoliert. Die Corona-Gefahr aber rückt uns stärker auf den eigenen Pelz als zum Beispiel die Feinstaub-Gefahr. Der Wille, Covid-Kranke zu retten – er ist populärer als der Wunsch, Kriegsopfer zu retten; von Flüchtlingen gar nicht zu reden. Wer aber bei Corona absoluten Lebensschutz zur Maxime erhebt, der macht Politik unmöglich. Ziel in der Corona-Pandemie ist ja nicht, alle Ansteckungen zu verhindern. Ziel ist, die Bevölkerung so vor dem Virus zu schützen, dass auch andere lebenswichtige Bedürfnisse zum Zuge kommen können. Ziel ist es, das Gesundheitssystem aufrechtzuerhalten, so dass die Covid-Kranken, die Krebskranken und die Herzkranken weiter Hilfe zur Heilung finden, ohne Triage.

Im Übrigen, so meinte ein dritter Kritiker zu meiner Klage über die coronale Verzwergung der Parlamente, sei es doch völlig egal, ob diese Entschlossenheit nun in einem parlamentarischen Gesetz oder in einer Verwaltungsverordnung zum Ausdruck komme und wer die Entschlossenheit dekretiere. Gewiss: Eigentlich sei in der Demokratie das Parlament der Souverän, derjenige also, der das Sagen haben müsse. Aber die Hauptsache sei doch: «Die vorgeschriebene Maßnahme wirkt, koste es, was es wolle.» Was das kostet, kann und muss man dann genauer sagen: Es kostet Menschenleben an anderer Stelle. Alte Menschen sterben früher; an Isolation. Patienten werden später operiert; vielleicht zu spät, weil sich alles auf Corona konzentriert. Die Zahl der Suizide steigt. Und Unzählige verlieren ihre wirtschaftliche Existenz.

Aber das habe ich nicht geantwortet, weil eine weitere Mail mit einer ganz anderen Sorge bei mir eintraf: «Ich wende mich an Sie, weil mich eine ziemlich große Verzweiflung befällt, wie man seiner zweifelnden Stimme Ausdruck verleihen kann, ohne dass man sofort gemein gemacht wird mit Virus-Leugnern, Rechtsradikalen oder Menschen, denen das Leben anderer Menschen egal zu sein scheint.» Die widerlichen Belästigungen von Bundestagsabgeordneten im November 2020 im Reichstagsgebäude zu Berlin wollten diese Gemeinheit aktivieren. Auf Einladung von AfD-Abgeordneten waren Störer in das Parlament gelangt, die am Rand der Debatte über das neue Infektionsschutzgesetz Parlamentarier anderer Parteien bedrängt, belästigt und beschimpft hatten und dabei bis in Abgeordnetenbüros vorgedrungen waren. Man muss das Infektionsschutzgesetz, das die Grundlage für die Anti-Corona-Maßnahmen ist, wirklich nicht mögen, um solche Attacken als schwerwiegende Entgleisung zu bezeichnen. Solche Methoden der Nötigung erinnern daran, wie in der Weimarer Republik die braune Bagage den Parlamentsbetrieb verhöhnt und gesprengt hat. Solche Aktionen sollen die Demokratie gezielt von innen zersetzen, indem sie demokratische Kritik braun kontaminieren.

Es ist alarmierend, dass selbst honorigste Rechtsprofessoren sich sorgen, in die rechte Schublade gesteckt zu werden. In der Einleitung ihres großen Aufsatzes in der *Juristenzeitung* vom 18. September 2020 zur Verteidigung der Verfassung gegen Corona («Why constitution matters») schrieben Hans Michael Heinig, Thorsten Kingreen, Oliver Lepsius, Christoph Möllers, Uwe Volkmann und Hinnerk Wißmann, allesamt Koryphäen des Faches, vorsichtshalber: «Dieses Engagement im juristischen Ernstfall stellt sich nicht auf die Seite absurder Gefahrenleugner oder Wissenschaftsfeinde.» Aber die Professoren, sie lehren Öffentliches Recht an den Universitäten Berlin (Humboldt), Frankfurt, Göttingen, Münster und Regensburg, sind überzeugt: Die Existenz des freiheitlichen Verfassungsstaats sei eben nicht per se und überzeitlich gesichert. Man müsse daher auch dem Corona-Krisenmanagement Grenzen ziehen und diese Grenzen kundtun, «damit Politik, Öffentlichkeit und Rechtsprechung wissen, was auf dem Spiel steht».

Es ist eine Stimmung entstanden, die Grundrechte in Krisenzeiten als Gefahr betrachtet. Man konnte und kann beobachten, wie ansonsten kritische, aber sehr gesundheitsbesorgte Menschen schon aggressiv reagieren, wenn einer zu fragen wagt, ob es denn angemessen und verhältnismäßig sei, was der Staat da an Verboten verordnet. Wer sich nicht daran gewöhnen möchte, dass massivste Einschränkungen der Grundrechte zu den Bewältigungsstrategien einer Krise gehören, sieht sich schnell in eine Reihe mit «Querdenkern», «Covidioten» oder gar mit Neonazis gestellt, die sich die Grundrechte, die sie sonst verachten, jetzt auf einmal wie einen Tarnanzug überziehen.

Die Aufregung über echte und angebliche Verschwörungsphantasten überlagert die notwendige Diskussion über die Einschränkung von Grundrechten. Es darf nicht so weit kommen, dass diejenigen, die die Grundrechte verteidigen oder die aus existenzieller Angst gegen die Schutzverordnungen protestieren, weil diese sie wirtschaftlich und psychisch zum Absturz bringen, auf einmal als Verschwörungsfuzzis abgefertigt werden. Das Wort «Verschwörungstheoretiker» ist ein Diskussions-Totschlag-Wort geworden, mit dem denen, die anderer Meinung sind, der Mund gestopft werden soll. Und wer zu oft «Grundgesetz» sagt, macht sich verdächtig.

Das erinnert an das pointiert-bissige Lied des Liedermachers Franz Josef Degenhardt über «Die Befragung eines Kriegsdienstverweigerers» aus dem Jahr 1972. Es war seinerzeit so: Junge Männer mussten ihr Grundrecht auf Verweigerung des Wehrdienstes in einem schriftlichen und mündlichen Verfahren zur Gewissensprüfung erstreiten. So eine Prüfung also nahm Degenhardt aufs Korn, indem der Prüfer im Lied den Kriegsdienstverweigerer so abfertigt: «Grundgesetz, ja Grundgesetz, ja Grundgesetz! Sie berufen sich hier pausenlos aufs Grundgesetz. Sagen Sie mal, sind Sie eigentlich Kommunist?» So war das vor Jahrzehnten. Heute kann man das Wort «Kommunist» ersetzen durch die Bezeichnungen, die für Kritiker von Corona-Maßnahmen üblich geworden sind. Zum Grundrechtsjubiläum vor einem Jahr hat sich der Bundespräsident ein lebendiges Grundrechtsbewusstsein gewünscht. In der Corona-Krise macht sich verdächtig, wer es hat.

Demokratie stellt nicht soziale Distanz her, Demokratie will soziale Distanz überwinden. Und Grundrechte sind nicht eine Art Konfetti für schöne Zeiten. Sie heißen Grundrechte, weil sie sich in Notzeiten grundlegend bewähren müssen. Demokratie lebt von mündigen Bürgerinnen und Bürgern und vom permanenten Aushandeln von Kompromissen – die auf wissenschaftlichen Erkenntnissen beruhen, aber alle anderen Interessen, Bedürfnisse und Notwendigkeiten in den Blick nehmen. Die naturwissenschaftlichen Erkenntnisse sind wie die geisteswissenschaftlichen meist nicht völlig eindeutig; sie unterliegen einem Wandel und unterschiedlichen Einschätzungen. Eine Politik, die schlechtes Gewissen, Panik und Angst schürt, ist da kontraproduktiv.

Die Pressefreiheit heißt Pressefreiheit, weil die Presse die Freiheit verteidigen soll. Es gilt heute, die Freiheit unter der Gefahr des Coronavirus zu verteidigen. Die Verteidigung besteht darin, die Grundrechte zu schützen – zu schützen davor, dass die Maßnahmen gegen das Virus von den Grundrechten nur noch die Hülle übriglassen. Pressefreiheit besteht in der Warnung davor, dass Notgesetze einfach immer wieder verlängert werden. Pressefreiheit ist dafür da, hemmungslos zu fragen und zu recherchieren, was die Verbote nützen und welche Schäden sie verursachen. Pressefreiheit ist dafür da, die Bewegungsfreiheit, die Versammlungsfreiheit, die Gewerbefreiheit zu verteidigen – und das Grundrecht auf Leben auch derer, deren Leben jetzt durch den Aufschub von Operationen oder das Ausbleiben von Lebenshilfen gefährdet wird. Eine Demokratie leidet massiv an Kontaktverboten, so notwendig sie kurzzeitig sein mögen. Darum, noch einmal: Aus Notmaßnahmen darf nicht maßlose Not werden.

In Corona-Zeiten gibt es nicht wenige Menschen, die beim Wort «Grundrechte» allergisch reagieren. Das ist kein Grund zurückzuweichen, im Gegenteil: Das ist der beste Grund für Journalisten, sie umso größer zu schreiben. Die Presse ist nicht der Lautsprecher der Virologie, sondern der Lautsprecher der Demokratie. Das gilt auch dann, wenn Menschen auf Demos und in Diskussionen schiefe Vergleiche ziehen und die Diktatur schon um die Ecke biegen sehen. Das tut sie nicht; der Eifer und das Gefühl, gegen einen mächtigen Mainstream zu stehen, führt bisweilen zu geschichtsblinder Übertreibung. Das ist nicht gut und schadet dem Protest. Aber es kann trotzdem gefährlich werden, diesen Protest zu verachten: Wer dauernd Idiot genannt wird, fängt womöglich an einer zu werden, stur und trotzig, irrational und unsozial. Demonstranten pauschal zu Idioten zu erklären ist darum idiotisch.

Es wird neue Viren geben. Die werden auch gefährlich sein, womöglich noch gefährlicher als Corona. Wir werden auch in Zukunft Pandemien erleben. Wie wird der Staat dann reagieren? Wie bei Corona? Wird es dann zackig heißen: Maske auf, Klappe halten? Wird dann wieder die Bewegungsfreiheit eingeschränkt, wieder die Versammlungsfreiheit entzogen? Ein grundsätzliches Verbot der Versammlungsfreiheit, Versammlungen zum Gebet inbegriffen, hatte es vor Corona noch nie gegeben. Wird ein solches Verbot künftig Usus? Aus den Grundrechten würden dann virtuelle Grundrechte, sie stünden unter Pandemievorbehalt.

Werden künftig bei jeder Pandemie Grenzen, Kitas und Schulen geschlossen? Müssen die Menschen mit immer neuen Ausgangsverboten und Kontaktsperren leben – die von ängstlichen Parlamenten wenig kontrolliert werden und von einer womöglich künftig kritischeren Öffentlichkeit nicht hinterfragt werden können, weil praktisch jedes Grundrecht davon abhängt, dass man das Haus verlassen kann? Symbol für eine solche Infektions-Demokratie wären Ziehharmonika und Bandoneon: Da wird der Balg immer wieder zusammengequetscht und dann wieder auseinandergezogen. Bei den Musikinstrumenten kommen auf diese Weise harmonische Töne zustande. In einer Demokratie eher nicht. Der Kollege Heinrich Wefing hat in der *Zeit* gemeint, dass jeden Tag so wie über die neuesten Infektionszahlen auch über die Lage der Grundrechte berichtet werden sollte, «übersichtlich, mit Trends und Kurven». Das klingt lustig, ist es aber nicht. Es gab wohl noch nie in so kurzer Zeit so viele im Einzelfall unverhältnismäßige Grundrechtseingriffe. Verordnungen, aus der Not des Augenblicks geboren, haben Gesetze nicht mehr vollzogen, sondern ersetzt. Das Versammlungsverbot wurde im März und April 2020 «ohne Sinn und Verstand exekutiert»; so analysierte das Oliver Lepsius, Professor für Öffentliches Recht in Münster. Er konstatierte eine «regelrechte Lust» der Exekutive, ihre Macht zu demonstrieren. Es gab und gibt aber auch Lust, sich dieser Macht zu unterwerfen und deren Anforderungen noch zu überbieten, weil man hofft, so die Gefahr zu bannen. Im Kleinen, unter Nachbarn, blüht das Denunziantentum.

Wer kontrolliert die Exekutive? Die gesetzgebende Gewalt, die Legislative, hat es im Corona-Jahr 2020 kaum getan. Die rechtsprechende Gewalt, die Judikative, hat im Mai 2020, nach dem ersten Schock, mit der Kontrolle begonnen. Gerichte haben Versammlungs- und Beherbergungsverbote aufgehoben, die selbst dann verhängt worden waren, wenn die Veranstalter sich zu rigorosen Vorsichtsmaßnahmen verpflichtet hatten. Die Prüfung ging und geht hin und her und dauert lange, zu lange, um auf den politischen Gang der Dinge Einfluss zu nehmen. Und wenn die gerichtlichen Direktiven einmal völlig klar sind – wie beim Beherbergungsverbot, das gerichtlich einhellig abgelehnt wurde –, schert sich der Gesetzgeber nicht darum. In das dritte Bevölkerungsschutzgesetz wurde es im November 2020 so ungerührt hineingeschrieben, als habe es nie Gerichtsurteile darüber gegeben.

Der Gesetzentwurf wurde am Buß- und Bettag im Bundestag diskutiert und angenommen; da war schon vielen klar, dass weder das Gesetz noch Buße noch Gebet einem zweiten Lockdown abhelfen würden, der Mitte Dezember verhängt wurde. Und je länger die Schließungen und Kontaktverbote andauerten ohne die erhoffte Wirkung zu bringen, desto größer wurde die Hoffnung, dass das Impfen bald losgehen könne. Der ersehnte Wirkstoff lag tatsächlich in der Weihnachtswoche in der Krippe, und die Rolle des Verkündigungsengels übernahm Ursula von der Leyen: «Heute schreiben wir ein neues Kapitel in unserem Kampf gegen

COVID-19. Wir haben beschlossen, den europäischen Bürgerinnen und Bürgern den ersten COVID-19-Impfstoff zur Verfügung zu stellen», erklärte sie am 21. Dezember und stellte in Aussicht, direkt nach Weihnachten mit den Impfungen zu beginnen.

Und sogleich war da die Menge der Heerscharen, die lobten das und kündigten an, dass die Grundrechtseinschränkungen für alle Geimpften ein Ende hätten. So propagierte es unter anderem Hans-Jürgen Papier, der frühere Präsident des Bundesverfassungsgerichts. Das klingt erst einmal plausibel, weil es sehr unverhältnismäßig ist, den Menschen, von denen keine Infektionsgefahr mehr ausgeht, solche Belastungen aufzuerlegen. Also sollen die Geimpften, so meinen Papier und Co, die Grundrechte genießen dürfen, die Ungeimpften aber nicht.

Wie gesagt, das klingt erst einmal plausibel und richtig – auch wenn man sich sogleich fragen mag, was denn der Einzelne zum Beispiel dafür kann, dass er nach der von der Staatsverwaltung festgelegten Impffreihenfolge erst in vielen Monaten mit seiner Impfung an der Reihe ist und also auch solange auf den Genuss der vollen Grundrechte warten muss. Es ist erstens hochproblematisch, dass diese Impffreihenfolge von der Verwaltung und nicht vom Gesetzgeber festgelegt wird; alle wesentlichen Entscheidungen müssen, das gehört zum rechtsstaatlichen Einmaleins, vom Gesetzgeber getroffen werden. Und es ist zweitens hochproblematisch, dass der Staat es auf diese Weise in der Hand hat, Grundrechte zuzuteilen.

Das führt zum sehr grundsätzlichen Haupteinwand gegen die sogenannten Privilegien für Geimpfte: Grundrechte sind keine Privilegien, die man sich erst durch ein bestimmtes Handeln oder durch ein bestimmtes Verhalten verdienen kann oder verdienen muss. Grundrechte sind keine Belohnung, keine Gratifikation, kein Bonus, kein dreizehntes Monatsgehalt. Sie sind einfach da, jeder hat sie, jeder darf sie in Anspruch nehmen. Grundrechte heißen Grundrechte, weil sie dem Menschen als Mensch und/oder als Staatsbürger zustehen. Das ist ja das ganz Besondere, das ist das Wunderbare an den Grundrechten: Sie gelten unabhängig vom Alter, unabhängig vom Einkommen, unabhängig von Rang und Hautfarbe, unabhängig von Glauben und Weltanschauung. Ein Grundrecht steht einem auch dann zu, wenn man sich dessen gar nicht bewusst ist, dass man ein Grundrecht hat. Die Grundrechte sind auch nicht irgendwo gelagert, sie müssen nicht in einem Grundrechtslager abgeholt werden gegen Vorlage bestimmter Bescheinigungen, so wie ein Paket bei der Post.

Gewiss: Grundrechte sind einschränkbar. Aber ihr Wesenskern darf nicht angetastet werden. Haben die Schul- und Betriebsschließungen, die Kontaktverbote, Ausgangssperren und Bewegungsbeschränkungen den Wesenskern unberührt gelassen? Wo verläuft die Linie, die in Zeiten der Not nicht überschritten werden darf? Man wünscht sich Leitlinien vom Bundesverfassungsgericht: Zu einer großen verfassungsrechtlichen Überprüfung des Ausnahmezustandes wird es wohl erst, wenn überhaupt, viel zu spät und nur für einen kleinen Teil der Maßnahmen kommen. Das ist bitter, schade und schädlich, weil so die Lehren für künftige Pandemien vage bleiben. Es geht um Fundamentalfragen für Demokratie und Rechtsstaat.

Man wünscht sich eine Kompetenz zurück, die das Bundesverfassungsgericht bis 1956 hatte: Es konnte, auf Antrag des Bundespräsidenten oder auf gemeinsamen Antrag von Bundestag, Bundesrat und Bundesregierung, ein Rechtsgutachten erstatten. Zweimal wurde davon Gebrauch gemacht, dann der einschlägige Paragraf abgeschafft. Die eigentliche Aufgabe der Justiz sei, so hieß es, die Entscheidung von Streitfällen, nicht die Erstellung von Gutachten. Eigentlich. Aber wir leben in uneigentlichen Zeiten.

Dieses Buch ist auf dem Sachstand von Anfang Januar 2021. Und die uneigentlichen Zeiten dauern nun eigentlich schon viel zu lang.

Die neue Fremdheit
der alten Welt

++

Wie Corona den Kopf auf den Kopf stellt und die Probleme sowie die Sicht auf die Probleme verschärft

++

In der Hamburger Speicherstadt und in vielen anderen Großstädten weltweit gibt es Ausstellungen, die «Dialog im Dunkeln» heißen. Es sind dies Ausstellungen, in denen sehende Menschen zu blinden Menschen werden. Die eigentlich sehenden Menschen gehen, geleitet von blinden Menschen, durch stockdunkle Räume. Am Eingang erhalten sie einen Blindenstock; dann geht es durch einen Vorhang hinein ins schwarze Nichts. In der Corona-Krise habe ich mich an diese Ausstellung erinnert.

Man sieht nicht, wie groß die Räume sind. Man sieht nicht, ob sie Ecken haben. Man sieht nichts von der schwankenden Holzbrücke, über die man gehen soll. Man sieht nichts vom Wald und nichts von Bäumen. Der Stock verfängt sich in Blätterwerk, man ertastet einen Stamm, spürt erst Moos und später Kies unter den Schuhen. Man sieht nichts von der lauten Straße, die es zu überqueren gilt; auch nichts vom Markt, über den man dann tappt; man riecht ihn nur, man riecht den Kaffee, man riecht das Obst, man riecht die Gewürze. Man tastet sich an Mauern, an Hauseingängen und an der eigenen Hilflosigkeit entlang. Es ist, als schrumpfe die Welt auf den Radius des Blindenstocks; man ist ein Blindgänger.

Eingehüllt von Alltagslärm klammert man sich an die beruhigende Stimme von Matthias, dem Guide, der einem sagt, wo es langgeht, und der die Leute ermuntert, sich frei im Raum zu bewegen. Die Dunkelheit macht ihm nichts, er ist sie gewohnt, er ist blind; behindert sind jetzt die anderen, die die Dunkelheit nicht kennen; sie erleben zum ersten Mal, wie es ist, nichts zu sehen, nicht einmal die Hand vor den Augen. Sie sind bestrebt, körperlichen Kontakt zum Nachbarn zu halten: Dialog im Dunkeln. Manche sind versucht, die Beklemmung, die sie spüren, durch Kalauerei zu vertreiben; es gelingt nicht. Die bekannte Welt ist auf einmal so fremd. Es ist sehr beklemmend, es ist erschreckend, sich so hilflos zu fühlen.

Die Erfahrungen, die die Besuchergruppen in der Ausstellung machen, macht in der Corona-Krise die Gesellschaft global und real: Sie tappt mit dem Blindenstock durch die Finsternis. Sie weiß aber nicht, anders als in den Ausstellungsprojekten, wie lange diese Finsternis dauert und wie sie endet. Die Gesellschaft weiß auch nicht, ob und wie weit man den Guides, die einen führen, also den Virologen und den Politikern trauen kann – die anders als die Guides in «Dialog im Dunkeln» keinen Erfahrungsvorsprung haben. Viele Menschen suchen in ihrer Angst eigentlich Nähe, sind aber amtlich gehalten, auf physische Distanz zu gehen.

Der «Dialog im Dunkeln» ist ein sozial motiviertes Experiment, das nach betriebswirtschaftlichen Grundsätzen geführt wird. Andreas Heinecke, studierter Historiker, Literaturwissenschaftler und Philosoph, hat es vor Jahrzehnten erfunden. Er ist das, was man einen «Social Entrepreneur» nennt, der Pionier des sozialen Unternehmertums in Deutschland. Es geht ihm um soziales Lernen, um einen Perspektivenwechsel: «Nur wer die Welt mit anderen Augen sieht», sagt er, «kann sich in ihr zurechtfinden – und dabei Neues entdecken». Dies ist eine Gabe, die man in der Corona-Krise gut brauchen kann. Es geht um den Umgang mit dem Anders-Sein. Niemand verlässt die Ausstellung so, wie er hineingegangen ist.

Heinecke hat bewiesen, dass man einen sozialen Zweck mit unternehmerischen Mitteln verfolgen kann – bis Corona kam. Ausgerechnet. Dann brach das soziale Unternehmen, das Solidarität gelehrt hat, zusammen. Das Unternehmen stand vor dem Aus; es konnte nicht mehr finanziert werden, weil die Ausstellungen geschlossen sind oder lange geschlossen waren. Konkurs drohte, bis staatliche Förderprogramme wenigstens Überbrückungshilfen gewährten. Es wird viele erschreckende wirtschaftliche Folgen der Corona-Krise geben. Der Fall «Dialog im Dunkeln» zeigt exemplarisch, wie es auch Projekte trifft, die Solidarität organisiert haben. Führt der Dialog im Dunkeln wieder aus dem Dunkel heraus? In der Ausstellung dieses Namens sieht man am Ende einen Spalt Licht und geht erleichtert auf diesen Spalt zu. Das braucht die Gesellschaft auch in der Corona-Wirklichkeit: das Licht der Zuversicht.

Corona ist die Geschichte einer Entfremdung, einer Entheimatung. Es gibt eine Geschichte von Selma Lagerlöf, die auf einfache und berührende Weise beschreibt, was und wo eigentlich Heimat ist. Es ist dies eine Weihnachtsgeschichte, sie heißt «Die Heilige Nacht», aber es ist dies eigentlich eine Heimatgeschichte. Sie lehrt: Heimat ist da, wo einem die Menschen, die Tiere und die Dinge freundlich entgegenkommen; Heimat ist da, wo einem die Welt vertraut ist oder vertrauenswürdig begegnet und wo das potenziell Gefährliche nicht gefährlich ist.

Selma Lagerlöfs Geschichte erzählt von einer Nacht, in der die Hunde nicht beißen und die Schafe nicht erschrecken, in der die Lanze nicht tötet und glühende Kohlen nicht verbrennen; der Vater des neugeborenen Kindes kann die Kohlen mit bloßen Händen nehmen und in seinen Mantel legen, ohne ihn zu versengen.

Er will mit dem Feuer Frau und Kind wärmen. Die Geschichte erzählt von einer Nacht, in der die Menschen und die Dinge keine Gefahr darstellen und einem zugeneigt sind. Das ist Heimat.

Die Pandemie ist die Geschichte des Gegenteils. Corona ist Entheimatung. Corona hat eine andere Beziehung zu den Mitmenschen hergestellt; die sind eine potenzielle Gefahr; man geht daher auf Abstand zu ihnen, man schützt sich vor ihnen, man begegnet ihnen mit Maske, man vermeidet Kontakt, sei es beim Einkaufen, beim Wandern im Wald oder beim Joggen im Park. Wenn einer an der Supermarktkasse zu nahe an uns herantritt, werden wir nervös. Und man spürt böse Blicke, wenn man sich auf Unbekannte zubewegt.

Sprache besteht nicht nur aus Wörtern, sondern auch Gesten. Corona hat diese Sprache verändert. In der westlichen Kultur war das Händeschütteln ein Ritual, um anfängliche Unsicherheit zwischen zwei Menschen zu überbrücken, zeigt es doch dem anderen: Sieh, ich trage keine Waffe in der Hand. Noch kürzlich erhob sich heftige Empörung, als Muslime aus religiösen Gründen Frauen den Handschlag verweigerten. Die Handschlags-Rituale sind entfallen. Die einen meiden jeden Körperkontakt. Die anderen suchen einen Ersatz für das Händeschütteln, sie stoßen sich mit den Ellenbogen – und machen ungewollt die alte Rede von der Ellenbogengesellschaft anschaulich.

Corona hat nicht nur eine andere Beziehung zu den Mitmenschen hergestellt. Corona stellt eine andere Weltbeziehung her. Corona macht, wie gesagt, Flächen zu Angriffsflächen, die Tiere zu Virenträgern, die Dinge zu Bedrohungen. Sie werden zu Gegenständen, die man zuvor behandeln, also desinfizieren muss. Heimat aber ist da, wo es eine unmittelbare Beziehung zu den Dingen gibt. An die Stelle dieser Unmittelbarkeit tritt die Desinfektion, tritt der Abstand. Die Dinge werden in der Corona-Perspektive zu Objekten des Virus. Das Virus ist das Subjekt, das sich ihrer bemächtigt. Die Welt wird fremd.

Corona ist die Entfremdung von bisherigen Selbstverständlichkeiten und Gewohnheiten. Die alten Unbefangenheiten sind verschwunden, weil Geselligkeit jetzt Gesundheit gefährdet und daher zu Feindseligkeit führt; Sorglosigkeit bei Sport und Spiel gibt es nicht mehr. Corona ist – die Vertreibung aus dem gewohnten Alltag. Das ist Entfremdung, das ist Entheimatung. Sie wird begleitet von Wörtern wie «Reproduktionszahl» und «Übersterblichkeit». Maske, Hygiene- und Abstandsregeln stoßen deshalb auf so viel Akzeptanz, weil sie vielen Menschen das Gefühl geben, in der Unsicherheit selbst wenigstens für ein gewisses Maß an Sicherheit sorgen zu können.

Neue Heimat in Corona-Zeiten? Es gibt nicht wenige Menschen, die in den Zeiten des Lockdowns und des Homeoffice ihre Familie als Heimat neu entdeckt haben. Es gibt aber auch die, die das Homeoffice und den Shutdown als unzuträgliche Überdosis und als fast schon haftähnliche Situation erlebt haben. Es gibt die Beamten, denen, Corona hin oder her, die monatlichen Bezüge garantiert sind. Und es gibt die Wirte und Restaurantbesitzer, die die Zahlungsaufforderungen und Mahnbescheide in ihrem Briefkasten finden. Die Entheimatung durch Corona wird auf sehr unterschiedliche Weise erlebt. Der eine hat viel, der andere wenig Anlass, bei einer Corona-Demo mitzugehen. Reinhard Bingener von der *Frankfurter Allgemeinen Zeitung* meint daher, es spreche «im Politischen wie im Privaten vieles dafür, den eigenen Eifer im Zaum zu halten und die persönliche Risikoeinschätzung nicht zum allgemeinen Maßstab zu erklären».

Wie findet man neue Heimat in Corona-Zeiten? Das beginnt damit, die Spaltung der Gesellschaft und die Schwarz-Weiß-Malerei zu überwinden. Der Würzburger Soziologe Andreas Göbel warnt davor, pauschal von Spinnern und Verschwörungsgläubigen zu reden: «Die Art und Weise, wie massenmediale Berichterstattung ständig moralisiert, also die Guten von den

Bösen unterscheidet», so warnt der Soziologe, «tut dem Gesamtklima in keiner Weise gut.» Heimatpolitik in Corona-Zeiten besteht also darin, das Reizklima abzubauen. Indes: Es geschieht die Umkehrung der Geschichte von Lagerlöf: Es werden hin und her bissig Hunde ausgeschickt, spitze Lanzen geworfen und glühende Kohlen verteilt. Das ist gefährlich.

Grundgesetz im Wortsinn war und ist in Coronien nicht das Grundgesetz, sondern das Infektionsschutzgesetz. Das wird wohl noch längere Zeit so bleiben. Das Infektionsschutzgesetz ist das Gesetz, welches das gesamte öffentliche und private Leben in Corona-Zeiten begleitet, bestimmt und zwangsläufig behindert. Es ist die Grundlage für Verordnungen und Maßnahmen, die zu «beispiellosen Freiheitsbeschränkungen geführt haben» und bei denen es sich «um die schwersten Eingriffe seit Bestehen der Bundesrepublik Deutschland» handelt.

Das Zitat stammt nicht von mir, das Zitat steht auch nicht in der Anmeldung zu einer der hochumstrittenen Großdemonstrationen, es steht in einer umfassenden wissenschaftlichen Veröffentlichung zu den Corona-Gesetzen und Corona-Verordnungen: «Das neue Infektionsschutzrecht», erschienen 2020 im Nomos-Verlag. Herausgeber ist Sebastian Kluckert, Professor für Öffentliches Recht, insbesondere Öffentliches Wirtschaftsrecht und Sozialrecht an der Bergischen Universität Wuppertal. 18 Fachleute schreiben auf knapp fünfhundert Seiten zu einer Materie, die früher «Seuchenrecht» hieß und deren wissenschaftliche Aufarbeitung bisher kaum stattgefunden hat, die aber in den vergangenen Monaten ins politische, gesellschaftliche und juristische Zentrum gerückt ist. Auf den fünfhundert Seiten taucht immer wieder das Wort «beispiellos» auf, wenn es um «Lockdown» und «Massenquarantäne» geht. Von einer «bislang beispiellosen Steuerung des gesamten gesellschaftlichen Lebens» ist die Rede. Beispiellos – es ist dies ein Wort, das in juristischen Abhandlungen eigentlich eher untypisch ist. Es eines lieben alten Kollegen nach, der mir im Frühsommer 2020 berichtet, wie brutal ihn und seine Familie das Besuchsverbot in den Krankenhäusern und Pflegeeinrichtungen getroffen hat. Er klagt darüber, wie die Schwächsten in der Krise alleingelassen wurden: «Ich habe es selbst erlebt und durchlitten. Meine Frau hat am 6. März zum dritten Mal eine Hirnblutung erlitten, musste notoperiert werden. Nach vier Tagen auf der Intensivstation habe ich meine Frau nicht mehr besuchen dürfen. Auch in der Reha-Einrichtung gab es keine Besuchserlaubnis. Erst am 12. Mai konnte ich meine Frau für eine Stunde erstmals auf Abstand sehen. Sie verkroch sich fast unter der Bettdecke. Am 20. Mai kam sie in ein Pflegeheim und musste 14 Tage in Quarantäne. Danach war meine Frau endgültig ein gebrochener Mensch – eine schwere Erkrankung und fast vier Monate ohne Nähe zu mir und zu vertrauten Menschen. Sie schaute nur noch zur Wand und wollte nicht mehr sprechen.»

Der Kollege berichtet auch von erheblichen Pflegemängeln in der Corona-Zeit: «Das waren die schlimmsten Wochen meines Lebens. Ich habe mir schließlich ein Besuchsrecht erkämpft, aber wahrscheinlich zu spät, um meiner Frau gerecht zu werden. Ja, die Behörden waren unerbittlich und moralische Institutionen wie die Kirchen waren keine Hilfe, sie haben sich kleingemacht. Meine Frau ist nun auf dem Weg in eine Demenz und wird wohl nie mehr zu mir nach Hause zurückkehren können. Da ist nicht nur das Wegsperren während der Corona-Zeit schuld. Aber es hat den Vorgang sicher beschleunigt.»

Wenn man so etwas hört, wenn man so etwas liest, wird man rebellisch gegen die Automatismen und Rigorositäten der Shutdowns. Und man wehrt sich dagegen, dass das Elend, das die Kranken und die Alten getroffen hat, sich bei den Kindern, wenn auch in anderer Weise, mit der Schließung von Kindertagesstätten und Schulen, wiederholt. Von allen Verirrungen der Corona-Zeit war wohl die Isolation der Alten und Kranken in den Pflegeheimen und Krankenhäusern die größte Verirrung. Sie war ein Verstoß gegen den wichtigsten Satz des Grundgesetzes, formuliert im Artikel 1: «Die Würde des Menschen ist unantastbar». Und die Isolation der Alten war, zumal in kirchlichen Heimen und Häusern, ein Verstoß gegen das vierte Gebot: «Du sollst Vater und Mutter ehren».

Am Infektionsschutzgesetz und der Übererfüllung der auf dieser Basis erlassenen Corona-Verordnungen und Covid-19-Maßnahmen haben sich die Kirchen in den ersten Monaten der Krise mehr abgearbeitet als an ihrer Heiligen Schrift. Sie haben sich in der Krise kleingemacht. Sie haben nicht protestiert, als die Sterbenskranken in den Kliniken einsam und allein sterben mussten. Sie haben sich nicht empört, als die Alten in den Pflegeheimen isoliert wurden. Ist die Freiheit der Kirche durch die Zwänge des Sozialmarkts so geschrumpft?

Das Pflegesystem war schon vor Corona in der Krise; Corona hat die Krise brutal verschärft. Es geht um die, die ein Leben lang gerackert haben und es jetzt nicht mehr können. Sie gelten durch ihre bloße Existenz als Infragestellung dessen, was für normal gehalten wird: Leistung, Fitness, Produktivität. Alte Menschen spüren das. Manche rufen dann nach Sterbehilfe. Ich erhielt den Brief einer 92 Jahre alten Frau, den sie ihrer Tochter für mich diktiert hatte. Die alte Dame bat mich darin, für die Sterbehilfe zu werben. Sie schilderte ihre eigenen körperlichen Beschwerden; sie schrieb, dass sie kaum noch gehen könne, dass sie Schmerzen habe an Kopf und Beinen. Zum Waschen habe sie Pflegepersonal. Ins Pflegeheim, so schrieb sie weiter, möchte sie nicht, sie wolle unbedingt in ihrer Wohnung bleiben. Die Kinder und die Enkel lebten alle weit weg, die könnten sie nicht mehr tagelang besuchen. Und also fasste sie ihren Zustand so zusammen: «Ich leide außer den körperlichen Beschwerden sehr an Einsamkeit und möchte gerne sterben.» Dann fuhr sie fort: «Ich denke, dass es vielen alten Menschen so geht. Ich gehöre nicht zu den Leuten, die Geld und Gott gleichsetzen, glaube aber, dass durch die coronabedingten Schulden es gut wäre, wenn die hohen Kosten für alte Leute, die nicht mehr leben möchten, wegfielen.»

Dieser Brief hat mich in seiner Schlichtheit mehr gepackt und angerührt als Ferdinand von Schirachs Theaterstück über die Sterbehilfe, das den Titel «Gott» trägt – und in dem eine Sitzung des Deutschen Ethikrates beschrieben wird, samt ausführlicher Gutachten und Gegengutachten. Es geht dort, in Schirachs Theaterstück, um den fiktiven Fall eines körperlich und geistig gesunden alten Herrn, der nach dem Tod seiner Frau keine Freude am Leben mehr hat und deshalb nach einem todbringenden Mittel verlangt. Mich hat der Brief der alten Frau deswegen so angerührt, weil ich das Gefühl hatte, dass die alte Frau keine Last sein möchte – nicht ihren Kindern und Enkeln, die sich zum Besuch verpflichtet fühlen könnten; und nicht der Gesellschaft, die das viele Geld für Altenpflege womöglich besser ausgeben kann. Mich bewegte die Resignation dieser alten Frau. Und ich hätte ihr gern geschrieben, dass die Gesellschaft nicht nur Respekt hat vor ihrem Wunsch zu sterben; sondern auch Respekt vor ihrem Leben – und dass das Geld, das die Pflege kostet, soweit es vom Staat und der Gesellschaft getragen wird, liebend gern getragen wird. Aber das stimmt wohl nicht. Die steigenden Kosten für die Alten werden nicht liebend gern getragen. Und das spüren alte Menschen.

Das ist auch das Manko des Urteils des Bundesverfassungsgerichts, das im Februar 2020 die Sterbehilfe erlaubt und dem Menschen ein Recht auf ein selbstbestimmtes Sterben zuerkannt hat. Es war dies ein wichtiges, richtiges, wegweisendes Urteil, ein Jahrhundert-Urteil. Aber: Es hat dem Lebensrecht zu wenig Raum gegeben. Es gilt, nicht nur das Recht zum selbstbestimmten Sterben zu sichern, sondern auch das Recht zum selbstbestimmten Leben.

Meine Mutter war eine gepflegte und großherzige Frau. Sie war am Ende ihres Lebens dement und ist friedlich und begleitet von ihrer Familie gestorben – vor Corona. Von ihr habe ich die Lust zum Lernen, zum Leben und zum Arbeiten, von ihr habe ich die Freude am Diskutieren und Dekorieren. Sie hat mit mir gelacht und gebetet, sie hat meinen Ehrgeiz gekitzelt. Sie hat mir und meinen Geschwistern saures Kartoffelgemüse gekocht und süßen Grießbrei. Sie hat die Nächte durchwacht, wenn wir krank waren. Als der Hausarzt ihr sagte: «Der Bub – heut Nacht wird er oder stirbt er», hat sie gesagt: «Er wird.» Er ist geworden.

Sie hat uns den Rotz von der Nase gewischt, und sie hat später unsere pubertären Rotzigkeiten ausgehalten. Die Mutter hat uns gehegt, aber nicht gehätschelt. Ihre Kleider waren züchtig, wie es sich in der oberpfälzischen Provinz gehörte, aber raffiniert und immer maßgeschneidert, denn sie war Schneiderin. Für uns zauberte sie die Kostüme, mit denen wir an Fasching Furore machten.

In ihren letzten Lebensjahren brauchte sie immer mehr Pflege, zuletzt mehr als wir, ihre Familie, ihr geben konnten; sie war im Pflegeheim, genauer in zwei Pflegeheimen. Im ersten Pflegeheim brach sie sich schon in der ersten Nacht den Arm. Im zweiten Heim wurde sie zögerlich heimisch. Manchmal wählte sie die Nummer, die auf ihrem Telefon stand: 110. Dann riefen mich die freundlichen Polizeibeamten in der Redaktion an und sagten, dass mich die Mutter braucht. An Sonntagen fuhren wir mit dem Auto durchs bayerische Oberland spazieren; und wenn ich ihr zu schnell fuhr, sagte sie: «Langsam, ich will noch länger leben». Aber dann wurde sie, wie man so sagt, immer weniger. Alle Kräfte ließen nach. Den Weg ins Auto schafften wir nicht mehr. Es war wie bei der Abschiedssymphonie von Joseph Haydn, bei der die Musiker der Reihe nach ihre Noten zuklappen, das Licht am Pult auslöschen und sich von der Bühne verabschieden. So war es mit den Lebensgeistern der Mutter.

Das Wort Pflege weckt solche Erinnerungen, glückliche und schmerzhafte. Und zugleich weist es in die Zukunft der Gesellschaft. Das Thema Pflege ist ein Zukunftsthema, es ist eines der wichtigsten Themen, die es für eine alternde Gesellschaft gibt. Bundesgesundheitsminister Jens Spahn hat es neu angepackt: Er will die stark steigenden Kosten, die für die Pflege privat zu tragen sind, deckeln; und er will erreichen, dass Pflegekräfte sehr viel besser als bisher, nämlich nach Tarifvertrag, bezahlt werden. Seine Vorschläge sind, wenn es gut geht und es nicht einfach nur bei einer eher mickrigen Entlastung von ein paar Euro im Monat bleibt, der Einstieg in eine Politik, die die Pflegeversicherung von einer Teilversicherung zu einer Vollversicherung ausbaut – und die sich nicht nur auf Heime, also auf ein Heimkonzept, konzentriert. Das kann die Angst vor dem Altern lindern, die Angst der Alten davor, dass man den Angehörigen und der Gesellschaft als «Pflegefall» zur Last wird.

Kinder sind «unsere Zukunft», heißt es gern. Aber auch die Alten sind unsere Zukunft, denn unsere Zukunft ist das Alter. Die Gesellschaft wird älter und immer mehr Menschen werden gebrechlich. Die Gesellschaft muss daher auch ihren Frieden machen mit der Demenz, die eher Schicksal ist als Krankheit, nämlich eine bestimmte Variante des Lebens im meist sehr hohen Alter. Nicht die Demenz ist neu, die hohe Zahl der dementen Menschen ist neu; früher starben die meisten Menschen, lange bevor sie der Demenz nahekamen. Der demente Mensch ist aber kein defizitärer Mensch, er ist kein Halbmensch; er ist ein Mensch mit Leib und Seele, Sinnlichkeit, Kreativität, Emotion – und eben Demenz. Seine Hilfebedürftigkeit ist keine Störung, die behoben oder bekämpft werden muss, sondern sie gehört zum Menschsein. Ein Gesundheitssystem, das dem nicht Rechnung trägt, ist krank.

Gute Pflege in Alter und Demenz ist eine «Ehrenschuld» der Gesellschaft; so hätte meine Mutter das formuliert, die das vierte Gebot («Du sollst Vater und Mutter ehren») gern zitierte. Es passt nicht zu einer solchen Ehrenschuld, dass allein die Pflegebedürftigen das volle Risiko für alle Kostensteigerungen im Heim tragen. Wenn die Heime, wie es bitter notwendig ist, mehr Personal und besseres und besser bezahltes Personal einstellen, trägt derzeit der Pflegebedürftige, nicht die Pflegeversicherung die Mehrkosten. Ursprünglich, als die Pflegeversicherung eingeführt wurde, sollte es so sein: Die Heimbewohner tragen die Kosten für Unterkunft und Verpflegung, die öffentliche Hand trägt die Investitionskosten der Heime, die Pflegeversicherung trägt die Pflegekosten. Heute trägt der Heimbewohner die Kosten für Unterkunft und Verpflegung, die Investitionskosten und die Zuzahlung zu den Pflegekosten. Das ist zu viel. Politik und Gesellschaft verletzen das vierte Gebot.

«Die Würde des Menschen ist unantastbar» – die Alten- und Pflegeheime gehören zu den wichtigsten Orten, an denen sich dieser Haupt- und Eingangssatz des Grundgesetzes bewähren muss. In der Corona-Zeit, zumal in den ersten Monaten, wurde er furchtbar verletzt. Man sollte diesen Satz an oder über die Eingangstüren hängen. Es geht um die Menschen, die ein Leben lang gerackert haben und es jetzt nicht mehr können. Sie brauchen Pflege. Sie brauchen Hilfe. Sie brauchen jemand, der ihnen zuhört; der mit ihnen am Tisch sitzt; der mit ihnen isst; der sie in den Arm nimmt; der sie ins Zimmer zurückbringt, wenn sie nachts durch die Flure des Altersheims irren; der sie nicht auslacht, wenn sie klagen, dass man ihnen ihr Geld gestohlen habe.

Und das stimmt ja auch: Die Pflege in Deutschland ist unglaublich teuer; die Ersparnisse vieler alter Menschen schmelzen deshalb so schnell weg, dass sie «Hilfe zur Pflege», also Sozialhilfe beantragen müssen, um den Platz im Heim zu finanzieren.

Der «Eigenanteil», der von Pflegebedürftigen zu entrichten ist, weil ihn die Pflegeversicherung nicht deckt, steigt prozentual so stark wie sonst nichts in Deutschland, allenfalls die Mieten in München und in Berlin. Immer öfter bleibt daher nichts mehr übrig zum Vererben; das bekümmert die alten Menschen meist mehr als ihre Kinder, weil sie das als Beschämung empfinden, als Diskreditierung ihrer Lebensleistung.

3,4 Millionen Pflegebedürftige gibt es in Deutschland; jeder Vierte wird im Heim betreut; das sind derzeit 818 000 Menschen. Häusliche Pflege muss besser honoriert werden. Noch leben die meisten Pflegebedürftigen zu Hause. Ohne die Familien, die sich kümmern, wäre die Pflegeversicherung bankrott. Wer die Pflege in der Familie nicht selbst erlebt hat, hat wenig Ahnung davon, was dieses Kümmern bedeutet; früher hat man Aufopferung dazu gesagt. Eine bezahlbare Haus-Betreuung durch heimische Fachkräfte gibt es nicht; die Pflegeversicherung zahlt nur einen Bruchteil. Selbst Ärzte empfehlen daher die Grauarbeit-Pflegerinnen aus Osteuropa. Und auch auf diese Grauarbeit hat Corona einen Schatten geworfen, der sie noch grauer macht. In manchen Familien haben sich kleine Dramen abgespielt, weil die Polin sich nach ihren Ferien in der Heimat wegen des Virus nicht mehr traute, nach Deutschland zu kommen, oder weil sie in Quarantäne war und auf einmal die mühsam ausgetüftelte Organisation der Pflege der alten Mutter oder des dementen Vaters zusammenbrach.

Eine Kultur, die die Lebenszeit so wunderbar verlängert hat, hat bisher nur sehr unzulängliche Antworten auf die Fragen gefunden, die damit einhergehen. Es reicht nicht, die Alten in Corona-Zeiten zur Risiko-Gruppe zu erklären. Die Gesellschaft muss die Kraft und die Konzepte haben, die Menschen in Würde alt und lebenssatt werden zu lassen. Lebenssatt – das ist ein anderes Wort für Wohlergehen. Man darf die Alten nicht so behandeln, dass sie ihr Leben satthaben.

Als im Frühjahr 2020 der erste Lockdown beschlossen wurde, galt dieser allgemein als Ausdruck einer gesellschaftlich übergreifenden Solidarität zwischen den vermeintlich weniger gefährdeten mit den vermeintlich stärker gefährdeten Menschen. Von dieser Solidarität hat die alte Dame, aus deren Brief ich zitierte, wohl nicht so viel gespürt. Waren die radikalen Einschränkungen der Freiheitsrechte, die der Lockdown mit sich brachte, wirklich ein Ausdruck einer gesellschaftlich übergreifenden Solidarität – also etwa der Solidarität der Jüngeren mit den Älteren und Alten in den Pflegeheimen? So wurde oft argumentiert. Das Leben der Alten sei zwar betagt, so hieß es oft zur Rechtfertigung der Schutzmaßnahmen, aber gleichwohl zu schützen. Und die Stimmen, die darauf hinwiesen, dass diese Alten doch eh an der Schwelle zum Grab stünden und deshalb des Shutdowns nicht bedürften, waren der großen gesellschaftlichen Verachtung preisgegeben. Bemerkenswert war immerhin, dass viele der besonders Schutzbedürftigen auf besonderen Schutz gern verzichtet hätten. Stellvertretend zitiere ich den Zwischenruf meines geschätzten Kollegen Hermann Unterstöger, der spottete: «Mit vielen anderen gehöre ich seit ein paar Wochen zur Risikogruppe, genauer gesagt zu jener Gruppe, die nur durch höheres Alter und nicht auch noch durch Grunderkrankungen oder ein marodes Immunsystem anfällig ist. (…) Risikogruppe, wie sich das schon anhört! Das Wort riecht nach einem bedauerlichen Hang zum Kriminellen, nach Haltlosigkeit und schiefer Bahn, nach hochgefährdeter Jugend.»

Geben wir es doch zu: Das Reden von der Solidarität mit den zu schützenden Alten war und ist wohl auch ein Schutzschild, hinter dem sich bei vielen, die für möglichst radikale Anti-Corona-Maßnahmen werben, die Sorge um sich selbst verbirgt.

Wenn es um die Alten geht, braucht es mehr, braucht es Anderes als einen Lockdown. Es braucht die Auferstehung von

Nächstenliebe und wärmender Fürsorge; das System muss aus der Hölle gezogen werden. «Kinder sind unsere Zukunft» – das hört man in der Politik jeden Tag. Aber das ist nur die halbe Wahrheit. Auch die Alten sind «unsere Zukunft», denn die Zukunft ist das Alter. Der Respekt vor den Kindern und der Respekt vor den Alten gehören zusammen; er ist das Band, welches das Leben umspannt. Zu diesem Respekt gehört es, dass Alte auch in Ruhe ver-rückt werden dürfen. Das rückt die Gesellschaft gerade. Die Gegenwart der Menschen in den Alten- und Pflegeheimen während der Corona-Krise war die Isolation. Sie sollte nicht die Zukunft der Gesellschaft sein.

Grundrechte in Coronien

++

Wie alles begann: Das Sichergeglaubte hält nicht
mehr, das Sichere ist nicht mehr sicher.

++

15. März 2020: Es beginnt ein globales Experimentieren.
Kurz bevor am 19. März 2020 in Deutschland die meisten Geschäfte geschlossen und Gottesdienste und Vereinsversammlungen untersagt wurden, kurz bevor am 20. März 2020 ein allgemeines Kontaktverbot erlassen wurde, beginne ich darüber zu schreiben, wie sich die «Zwangspause» auf eine erschöpfte Gesellschaft auswirken wird. Ich schreibe darüber, was mit dem Shutdown ausgerichtet und angerichtet wird. Es ist dies ein erstes Sinnieren über einen Ausnahmezustand, von dem niemand ahnte, wie lange er dauern wird.[1]

Der Ausnahmezustand lugt nicht mehr nur um die Ecke, er ist da. Politiker reden vom Einsatz der Bundeswehr im Inneren. Zur Versorgung der Kranken? Zur Kontrolle von Verboten und Ausgangssperren? Zur Demonstration von Tatkraft? Angst ruft danach, dass etwas getan wird. Nein, nicht nur etwas, sondern alles: Repression, Prävention, alles miteinander und so viel wie möglich. Angst macht süchtig nach allem, was die Angst zu lindern verspricht.

Es gibt einen virologisch-publizistisch-politischen Verstärkerkreislauf, bei dem man noch nicht weiß, wohin er führt und wann er endet – und was er mit der Gesellschaft und der Demokratie macht. Wann wird aus der Demokratie eine Virolokratie? «Souverän ist, wer über den Ausnahmezustand entscheidet», heißt der berühmt-berüchtigte Satz des Staatsrechtlers Carl Schmitt, der seinerzeit die Weimarer Republik kaputtgeschrieben hat und der Antidemokraten heute noch immer fasziniert. Im Moment ist der demokratische Souverän, das Volk, mit allen Maßnahmen einverstanden. Es gibt fast schon Dankbarkeit, dass jetzt das Notwendige getan wird. Es gibt das große Wir-Gefühl: «Wir halten zu den Alten.»

Und wenn das Wir-Gefühl mit der Zeit zerbröselt? Muss dann mehr Kontrolle her? Mehr Überwachung? Mehr Polizei? Es werden, je länger die Krise währt – und wie lange sie währt, weiß im Augenblick niemand –, wachsame Demokraten genauso gebraucht wie gute Virologen. Gesellschaft und Demokratie leben von dem und bestehen aus dem, was jetzt «Sozialkontakt» heißt und was jetzt aus Gründen der Solidarität mit den von Corona besonders gefährdeten Menschen rigoros vermieden werden soll.

Die Experten versprechen, dass auf diese Weise viel ausgerichtet werden kann zur Vermeidung von Infektionen. Man muss aber auch fragen, was angerichtet wird, wenn Grundrechte und Grundfreiheiten stillgelegt und das gesellschaftliche Miteinander ausgesetzt werden. Wird die Corona-Krise zur Blaupause für das Handeln in echten oder vermeintlichen Extremsituationen? Dann wären die letzten Dinge noch schlimmer als die ersten. Die Verstärker sagen «keine Panik», aber schon der bloße Gebrauch des Worts «Panik» schürt sie. Apotheker müssen die Polizei rufen, um Kunden zu bändigen, die randalieren, weil es keine Desinfektionsmittel mehr gibt. Und in den Supermärkten sind nicht nur die Nudeln ausverkauft, sondern auch die Kindermilchschnitten. Siebzig Packungen von dem Süßzeug hatte einer an der Edeka-Kasse vor mir im Einkaufswagen. Das ist

Panik zum Schmunzeln. Es gibt aber auch Panik zum Weinen. Die Alten in den Altenheimen dürfen nicht mehr besucht werden; sie sollen auf diese Weise geschützt und beschützt sein. Vielleicht sind es die letzten Wochen ihres Lebens. Vielleicht sterben sie jetzt aus Kummer und Traurigkeit. Aber Kummer und Traurigkeit sind nicht ansteckend.

Ansteckend ist Corona und ansteckend ist die Angst davor. Und so erleben wir ein globales Experiment: Wie eine Gesellschaft funktioniert, wenn sie nicht mehr funktioniert. Es ist gespenstisch. Die Bilder von den leeren Straßen und Geschäften sind auch gespenstisch. Aber fast alle finden den virologisch-politisch-publizistischen Rigorismus gut – und wer ihn nicht gut findet, sagt es nur im kleinen Kreis. Das Virus hat auch die Auseinandersetzung darüber infiziert. Solidarität, das alte Wort der Arbeiterbewegung, das lang schon nicht mehr recht zog, ist jetzt das Zauberwort. Aber jetzt ist es der starke Arm der Virologen, der dies will: Alle Räder stehen still.

Warum funktioniert das so? Mag sein, dass der Corona-Stillstand auch die Sehnsucht vieler Menschen nach dem Reset-Knopf befriedigt und das Bedürfnis, in Ruhe gelassen zu werden. Einerseits sagt man zu all den Seuchenbekämpfungsmaßnahmen: «Das geht doch nicht.» Andererseits gibt es das Gefühl: «Jetzt ist endlich Ruhe im Karton.» Wir müssen auf einmal nicht mehr tun, was wir eigentlich tun müssten, wir sollen es sogar nicht mehr tun – und haben dafür eine solidarische Begründung. Corona verschafft einer überreizten, überforderten, erschöpften Gesellschaft eine Zwangspause. Wird die Gesellschaft daraus Lehren ziehen, wenn die Zwangspause zu Ende ist?

21. März 2020: Auch die Not kennt ein Gebot. Das Gebot der Not ist das «Prinzip der Verhältnismäßigkeit». Es beschäftigt mich schon seit Beginn der Corona-Krise. Im Lauf der Corona-

Monate wird die Auseinandersetzung über die Verhältnismäßigkeit und Unverhältnismäßigkeit der Anti-Corona-Maßnahmen immer mehr in den Mittelpunkt der Debatten rücken.[2]

Das *Handbuch des Staatsrechts* ist ein beeindruckendes Werk. Es besteht aus 13 dicken Bänden, es hat insgesamt 17 026 Seiten; 81 Rechtsprofessoren haben daran mitgeschrieben; der letzte Band erschien 2015. Das monumentale Projekt handelt von der Verfassungsordnung und von den Grundrechten; von der Mobilität der Menschen, der Güter und Ideen; von den Freiheitsrechten und den Gefahren, die diesen drohen. Wo, wenn nicht dort, sollte man etwas darüber finden, wie der Staat in der Corona-Krise agieren muss?

Indes: Mit dem Infektionsschutz, früher Seuchenschutz genannt, beschäftigt sich das gewaltige Werk nur auf knapp zwei (!) Seiten. Das ist bezeichnend für die Brutalität, mit der das Virus auch ins Rechtsgefüge einbricht. Das Infektionsschutzgesetz, das bis vor ein paar Wochen kaum jemand gekannt hat und das auf den nur zwei von 17 026 Seiten abgehandelt wird, ist die Grundlage für die einschneidendsten Beschränkungen der Grund- und der Freiheitsrechte, die es in der Bundesrepublik je gegeben hat. Selbst die heftig umstrittenen Sicherheitsgesetze der RAF-Zeit und die Sicherheitspakete, die nach 9/11, in der Zeit des islamistischen Terrorismus, gepackt worden sind, waren nicht so grundstürzend wie die Verwaltungsverfügungen, mit denen heute die als Gesundheitspolizei handelnden Verwaltungsbehörden in die Grundrechte eingreifen. Aber das Denken, wonach zur Vorbeugung noch härter zugegriffen werden darf als zur Strafe, nahm in der RAF- und der Al-Qaida-Zeit seinen Anfang. Das hat Auswirkungen aufs gesamte Recht.

Im Jahr 1977 wurde, aus Anlass der Entführung des Arbeitgeberpräsidenten Hanns Martin Schleyer, in rasender Eile ein Kontaktsperregesetz gegen RAF-Terroristen beschlossen. Es unterband – für 72 Häftlinge – jeglichen Kontakt mit der Außenwelt.

So weit gehen die Corona-Kontaktsperren nicht. Aber sie greifen tief ein in die Grundrechte nicht nur von Straftätern, sondern in die Freiheitsrechte von Millionen unbescholtener, aber potenziell krankheitsgefährdeter oder infizierter Bürgerinnen und Bürger – nicht zur Strafe, sondern zum Schutz der öffentlichen Gesundheit. Wie weit darf das gehen?

Das öffentliche Leben wird von Verwaltungsbehörden geschlossen, das private Leben wird auf drastische Weise reglementiert, wirtschaftliche Existenzen werden vernichtet. Noch reagieren viele Menschen mit Verständnis, ja zum Teil sogar mit der Aufforderung an die Politik, radikaler vorzugehen und tiefer in Freiheitsrechte einzugreifen – auch mit Mobilitäts- und Ausgangssperren oder Ausgangsbeschränkungen, wie sie Bayern jetzt landesweit angeordnet hat. Wie lange so eine Grundstimmung hält, weiß niemand. Dies hängt von der Dauer der Verbote und Sperren ab. Aber ein Fundament für Freiheitsbeschränkungen sind Stimmungen ohnehin nicht. Das Fundament ist das Recht. Es darf mit Verweis auf Notstand und Katastrophenfall nicht weggeschoben werden. Es stimmt nicht, dass Not kein Gebot kennt. Auch für die Not gibt es Regeln.

Bei den RAF-Terroristen endete die Kontaktsperre nach ein paar Wochen. Sie wurde drei Tage nach den Selbstmorden von Andreas Baader, Gudrun Ensslin und Jan-Carl Raspe von Bundesjustizminister Hans-Jochen Vogel aufgehoben. Wann die Corona-Kontaktsperren enden, ist nicht absehbar. Virologen sprechen nicht mehr nur von Wochen, sondern von Monaten und Jahren. Sie sollten sich mit solchen Äußerungen zurückhalten, weil sie so den Notstand herbeireden, den die Notmaßnahmen verhindern sollen. Diese sollen Gesellschaft und Demokratie schützen, nicht ihre DNA verändern; sie sollen die Zukunft sichern. Es geht um Überwindung von Angst, nicht um das Provozieren neuer Ängste. Die Zukunftsfähigkeit der Gesellschaft hängt davon ab, dass sie sich nicht in ein Corona-Schicksal ergibt, sondern Zuversicht bewahrt. Virologen dürfen radikal, ja maßlos denken. Politiker aber müssen Maß halten und über die Verhältnismäßigkeit der Mittel nachdenken.

Dieses Maß der Mittel wird im demokratischen Rechtsstaat vom Recht bestimmt, nicht von Stimmungen und auch nicht von der Virologie. Das Robert-Koch-Institut ist eine Bundesoberbehörde, es hat die Aufgabe eines Leitinstituts für Infektionsschutz; es berät die Politik; es ist aber kein Entscheidungsträger und schon gar nicht eine Notregierung. Gute Virologen sind wichtig. Demokratie ist aber auch in pandemischen Zeiten mehr als Virologie. Sie darf nicht zur Virolokratie werden.

Das Infektionsschutzgesetz vom 1. Januar 2001 ist eine nur sehr schwammige Grundlage für sehr harte Maßnahmen. Im zentralen Paragraf 28 heißt es: Die «zuständige Behörde» trifft die «notwendigen Schutzmaßnahmen» – dann folgt die Aufzählung von einzelnen Quarantäneaktionen. Das ist der vage Kern aller Eingriffe, die jetzt die Grundrechte einschränken; auf dieser Basis wurden nicht nur Schulen und Kindergärten, sondern auch Gaststätten und Geschäfte landesweit geschlossen. Ob dies für existenzvernichtende Verbote reicht? Für landesweit strikte Ausgangssperren reicht das nicht. Deren Kritiker werden als pedantisch gescholten. Das Beharren auf Grundprinzipien ist aber nicht pedantisch, sondern rechtsstaatlich. Je allgemeiner eine Rechtsgrundlage ist, desto wichtiger ist die Prüfung der Verhältnismäßigkeit der Mittel (Anmerkung: erst im November 2020 wurde dann das Infektionsschutzgesetz konkretisiert und um einen Paragrafen 28 a erweitert).

Es gehört zur Psychologie der Krise, dass in der Not derjenige als Führungspersönlichkeit gelobt wird, der sich um Verhältnismäßigkeit wenig kümmert. Die Rhetorik der Entschlossenheit kann aber das Recht nicht ersetzen. Langfristig bewährt sich dessen Einhaltung und Verbesserung.

28. März 2020: Bleiben Sie gesund! Der kleine Satz entwickelte sich schnell zum Gruß der Corona-Krise. Gesundheit bedeutet aber in einem demokratischen Gemeinwesen mehr als Virenfreiheit. Stündlich gibt es Schreckensmeldungen, Infektionszahlen, Nachrichten über überlastete Krankenhäuser, ein Gesundheitswesen vor dem Zusammenbruch – Bilder von Sarg-Alleen in Italien; wer weiß, wann das hier so kommt? Die Bilder lösen Entsetzen aus.[3]

Das ist eine Situation, die den Einzelnen überfordert. Es dämmert vielen, dass die Wegweiser auch im deutschen Gesundheitswesen zwanzig Jahre lang in die falsche Richtung zeigten: hin zur Privatisierung, hin zur Kommerzialisierung. 1960 gab es allein in Westdeutschland 3600 Krankenhäuser, jetzt gibt es in ganz Deutschland nicht einmal mehr die Hälfte; aber immer mehr Krankenhäuser sind an der Börse notiert. Was zählt dann: Der Shareholder und seine Bedürfnisse oder der Patient? Die Aktionäre wollen Geld sehen. Wo bleibt die Daseinsvorsorge, zu der der Staat verpflichtet ist, wenn das Angebot der Nachfrage und der Rentabilität angepasst wird? Wo bleiben Arme, Alte und chronisch Kranke? Die Rückbesinnung auf ein heilungsorientiertes statt rentabilitätsorientiertes Gesundheitswesen wird Zeit brauchen. Mit neuen Infektionsschutzgesetzen versucht der Staat auf die Schnelle, den Fluch der Kommerzialisierung zu korrigieren und auf die Ressourcen der privaten Krankenhäuser zwangsweise zuzugreifen. Die Marktgläubigkeit schwindet.

Mit Corona gewinnt der Staat wieder Autorität. Mehr noch: Er wird wieder zur Obrigkeit. Der Staat soll eine fürsorgliche und strenge Instanz sein; er soll die soziale Ordnung und das Leben jedes einzelnen Menschen so weitreichend regeln, dass es Sicherheit in der Unsicherheit gibt. Deshalb ist die Bereitschaft groß, sich drastischen Anordnungen zu fügen. Deshalb gibt es viel Aversion gegen echten oder vermeintlichen Regelbruch. Deshalb gibt es die Neigung, Freiheit gegen Gesundheit zu tauschen.

Die Sehnsucht nach dem starken Staat ist keine Sehnsucht, die erst mit Corona einsetzt. Die Risikogesellschaft sah sich schon bisher Gefahren ausgesetzt: organisierte Kriminalität, Terrorismus, Wirtschaftskriminalität, Drogen, Umweltzerstörung. Die Bürger wünschten sich angesichts dessen einen Staat, der ihnen Sicherheit gibt – dazu ist er ja auch da. Aber der Staat befriedigte die Erwartungen einseitig; er reduzierte, Stichwort Hartz IV, die sozialstaatliche Fürsorge, befriedigte stattdessen lieber die Erwartungen des Marktes; die Sehnsucht nach dem starken Staat nutzte er aber aus, um sich neue Befugnisse auf dem Feld der inneren Sicherheit zu verschaffen. Die bisherigen Unsicherheiten kulminieren nun in der Corona-Krise. Und weil eine krisenstabile medizinische Vor- und Fürsorge nicht über Nacht neu konstruiert werden kann, versucht der Staat, die Sehnsucht nach dem starken Vater-Staat mit scharfen Eingriffen in Freiheitsrechte zu befriedigen. Das ist nicht unverständlich, aber gefährlich – weil eine Stimmung entsteht, die Grundrechte in Krisenzeiten als Ballast betrachtet.

Man beobachtet schon jetzt, wie vormals kritische Bürger zu braven Kindern werden, die bereits aggressiv reagieren, wenn einer zu fragen wagt, ob das denn angemessen sei, was Vater Staat da an Verboten verordnet. Und so ergibt sich die absurde Situation, dass gestern über die Einführung eines Tempolimits grundrechtsbesorgter diskutiert wurde als heute über deutschlandweite Hausarreste, Kontaktverbote und die Schließung der Geschäfte. Das ist die Gefahr in der Gefahr: Der Bürger gewöhnt sich daran, dass heftige Einschränkungen der Bürgerrechte zu den Bewältigungsstrategien einer Krise gehören.

Noch war die Empörung groß, als Bundesgesundheitsminister Jens Spahn versuchte, im neuen Infektionsschutzgesetz das Handy-Tracking einzuführen. Spahn musste dies aus seinem Gesetzentwurf herausnehmen. Wird das so bleiben, wenn die Krise anhält? Spahn erklärte sogleich, dass er seinen Plan weiterverfolgt: Er will nach wie vor technische Mittel einsetzen, um Kontaktpersonen von erkrankten Personen zu ermitteln. Die Gesundheitsbehörden sollen ermächtigt werden, Standortdaten der Mobilfunkgeräte auszuwerten und die Bewegung von Personen zu verfolgen. Kommt die App, die klingelt, wenn ein Corona-Positiver in Ihrer Nähe ist? Kommt eine App, die die Quarantäne überwacht? In China gibt es das schon. Die App organisiert Totalüberwachung. In Polen und Ungarn findet das schon Nachahmer. In Ungarn hat Viktor Orbán die Corona-Krise für ein Ermächtigungsgesetz genutzt. Man lernt: Corona weckt, wenn es ganz bitter kommt, die Lust auf Totalitarismus.

Die Grundrechte sind derzeit in Deutschland partiell aus- und rausgesetzt. «Wer rausgeht, muss auch wieder reinkommen», hat Herbert Wehner 1975 der CDU/CSU-Bundestagsfraktion hinterhergerufen, die aus Protest gegen seine Rede den Plenarsaal verlassen hatte. Der Satz ist berühmt geworden; er hat gestimmt. Bei den Grundrechten ist das anders. Der Respekt vor ihnen kommt nicht von selbst zurück. Dafür braucht es die Sensibilität der Bürgergesellschaft.

«Bleiben Sie gesund!», lautet derzeit die beliebteste Grußformel. Zur Gesundheit des Gemeinwesens gehört eine funktionierende Demokratie. «Bleib demokratisch!» wäre also auch kein schlechter Gruß.

4. April 2020: Das Ostern des Jahres 2020 war ein ganz anderes Ostern als sonst. Es war vom Eis des Shutdown bedeckt. Zwar läuteten auch diesmal die Kirchenglocken; sie läuteten aber nicht zum Kirchgang, nicht zum österlichen Jubel, sondern zur Erinnerung daran, dass Ostern ist.[4] Die Bänke in den Kirchen bleiben leer. Es gibt keine Ostergottesdienste; kein Orgelgebraus, kein Halleluja. Und zu Hause fällt das große Osterfrühstück aus. Es gibt amtliche Kontaktsperren, die Familien kommen daher nicht zusammen, Oma und Opa bleiben, coronabedingt, bei sich zu Hause. Ein Osterspaziergang findet, wenn überhaupt, nur mit Mundschutz statt. Und in Goethes berühmtem Gedicht über diesen Spaziergang stimmt heuer schon der Anfang nicht: Das Leben ist nicht vom Eis befreit, sondern wie mit Eis überzogen.

Corona hat die Schulen, die Kirchen, die Theater, die Kinos, Gaststätten, Geschäfte, die Kaufhäuser und Sportstudios, die Kultur- und die Einkaufszentren leer geräumt, auch die Volkshochschulen und die Veranstaltungskalender. Corona beherrscht die weltweite Aufmerksamkeit. Corona hat alle anderen Probleme und fast alle anderen Themen verdrängt. Corona führt zu einem verrückten Blick auf die Welt. Corona neutralisiert das Interesse an allem, was nichts mit dem Virus zu tun hat. Corona hat die Nachrichten und die Köpfe besetzt. Um diesem Virus möglichst wenig Angriffsfläche zu bieten, wurde und wird das öffentliche Leben radikal reduziert, das private auch. Dem Virus sind auch die Veranstaltungen zum Opfer gefallen, die zum Gedenken an den Widerstand gegen Hitler geplant waren.

Vor 75 Jahren, am 9. April 1945, genau einen Monat vor dem Ende des Zweiten Weltkriegs, wurden die letzten Widerstandskämpfer gegen Adolf Hitler und den Nationalsozialismus umgebracht – unter ihnen war der Theologe Dietrich Bonhoeffer. Es gehört im Jahr 2020 zum Kampf, zum Widerstand gegen Corona, von diesem Virus das Gedenken an die Widerständler gegen Hitler nicht anstecken und ersticken zu lassen. Es schadet daher nichts, wenn es ein paar Klopapierwitze weniger, aber dafür ein paar Gedanken mehr an Bonhoeffer und seine Mitverschwörer und andere Widerständler gibt.

Bonhoeffer war evangelischer Theologe, ein Pfarrer; es war für ihn eine große Gewissensfrage, ob man als Christ an einem Attentat mitwirken darf. Das Gebot lautet bekanntlich: «Du sollst nicht töten.» Bonhoeffer hat das verantwortet; Glauben war für ihn etwas Diesseitiges, mit einem Jenseits-Gott konnte er nichts anfangen. Kirche war für ihn nur Kirche, wenn sie für andere da ist; und Glauben hieß für ihn, nicht mehr die eigenen Leiden wahrzunehmen, sondern die der anderen; für ihn waren sie die Leiden Gottes in der Welt. «Nur wer für die Juden schreit, darf auch gregorianisch singen», sagte er.

Bonhoeffer wollte kein Widerstandskämpfer werden. Aber die Verfolgung der Juden stellte, so sah er das, die Kirche vor die Gottesfrage, in der sich entschied, ob sie überhaupt noch Kirche war. «Wenn man völlig darauf verzichtet hat, aus sich selbst etwas zu machen, sei es einen Heiligen oder einen Gerechten, dann wird man ein Mensch, ein Christ», schrieb er am Tag nach dem gescheiterten Attentat vom 20. Juli 1944 in einem Brief aus der Haft.

Der Theologe Bonhoeffer war von guten Mächten gar nicht wunderbar geborgen; er hat trotzdem davon geschrieben, auch das war eine Form des Widerstands. Und er ging gefasst in den Tod. Am 8. April 1945 wurde er im Konzentrationslager Flossenbürg zum Tod verurteilt – zusammen mit General Hans Oster, Admiral Wilhelm Canaris, dem Offizier Ludwig Gehre und dem Heeresrichter Karl Sack; alle wegen ihrer Beteiligung am gescheiterten Umsturzversuch vom 20. Juli 1944. Am 9. April 1945 wurden sie gehängt. Vorher hatten sie sich völlig entkleiden und nackt zum Galgen gehen müssen. Sechs Stunden dauerte die Hinrichtung, weil die bis zur Ohnmacht Strangulierten wiederbelebt wurden, um ihren Todeskampf zu verlängern.

Am selben Tag, am 9. April 1945, wurde der Widerstandskämpfer Ewald von Kleist in Berlin-Plötzensee guillotiniert. Der Kunstschreiner Georg Elser, der einsame Mann, der im November 1939 im Münchner Bürgerbräukeller das nur knapp gescheiterte Bombenattentat auf Hitler und fast die gesamte NS-Führungsschicht ausgeführt hatte, wurde gleichfalls am 9. April 1945 exekutiert, im Konzentrationslager Dachau.

Der Widerstand gegen den Jahrtausendverbrecher Hitler: Es

waren Menschen aus allen politischen Gruppen, die diesen Widerstand geleistet haben, es waren Menschen aus allen Schichten des Volkes – Offiziere, Arbeiter, Adlige, Geistliche. Neben den oft aristokratischen Namen vom 20. Juli stehen die Namen der kommunistischen und sozialistischen Widerständler, von denen so viele in den Konzentrationslagern umkamen; die Namen der Roten Kapelle zum Beispiel, dazu die Namen der Weißen Rose und des Nationalkomitees Freies Deutschland, dazu die Namen der christlichen Widerständler, des Kardinals von Galen etwa, des Jesuiten Alfred Delp und eben der Name Bonhoeffer.

Gemeinsam war ihnen die Ablehnung von Totalitarismus, Rassenwahn und Menschenverachtung. Ihnen allen, allen Widerständlern gegen Hitler, ist das Grundgesetz zu widmen. Ihnen sind all die nicht selbstverständlichen Selbstverständlichkeiten und Rechte im Grundgesetz zu widmen, die wir im Moment so vermissen. Es wäre der Sinn und das Verdienst einer großen Widmung im Grundgesetz, sie alle, die Widerständler gegen Hitler, in einem Atemzug zu nennen: als Märtyrer für ein besseres Deutschland. Es wäre dies die Ökumene des Widerstands.

Der Widerstand gegen Hitler steht Pate für die Artikel 1 und 20 Absatz 4 des Grundgesetzes: «Die Würde des Menschen ist unantastbar.» Und: «Gegen jeden, der es unternimmt, diese Ordnung zu beseitigen, haben alle Deutschen das Recht zum Widerstand, wenn andere Abhilfe nicht möglich ist.» In diesem Satz steckt die Aufforderung, es nicht so weit kommen zu lassen, dass es den großen Widerstand braucht. Dieser Satz ist die Aufforderung zum kleinen Widerstand. Zum kleinen Widerstand gehört es auch, den Tod der großen Widerständler und ihr Gedenken auch in den Corona-Toten-Zeiten nicht zu vergessen.

5. April 2020, Palmsonntag: «Wie lange noch?», frage ich, bedrückt vom Shutdown, und verweise auf die Feiern zum 70. Jubiläum des Grundgesetzes, ziemlich genau ein Jahr vor Corona:⁵ Vor einem Jahr haben wir die Grundrechte gepriesen. Wir haben uns, zum siebzigsten Jubiläum des Grundgesetzes, an dessen Mütter und Väter erinnert – an wunderbare Demokraten wie Elisabeth Selbert und Carlo Schmid, an Widerstandskämpfer gegen Hitler wie Hermann Louis Brill und Jakob Kaiser. Als sie die Grundrechte formuliert haben, lag Deutschland in Trümmern, in Schutt und Elend. Der Katalog mit den Grundrechten entstand in einer Welt voller Unsicherheit. Hunderttausende «displaced persons» zogen damals durchs Land, ansteckende Krankheiten grassierten. Die Grundrechte sollten Sicherheit geben in einer Welt der Unsicherheit. 71 Jahre später, in der Corona-Krise, soll nun die Aussetzung dieser Grundrechte Sicherheit geben. Noch nie in der Geschichte der Bundesrepublik sind sie so flächendeckend, so umfassend und so radikal eingeschränkt worden. Die Freiheiten der Bürgerinnen und Bürger werden, wegen Corona, auf vorerst unabsehbare Zeit in bisher unvorstellbarer Weise beschnitten und aufgehoben – ohne großen gesetzgeberischen Aufwand, mit einem Fingerschnippen der Exekutive quasi.

Es wurde eine Stimmung geschaffen, in der sich Menschenrechte und Menschenleben gegenüberstehen und die amtlich verordnete Aussetzung von Menschen- und Bürgerrechten als Preis für die Rettung von Menschenleben gilt. Es gibt daher eine große, bestrafungsgestärkte Bereitschaft der Menschen, durch das Ertragen dieser Maßnahmen Solidarität zu zeigen mit den Risikogruppen. Die Schulen, die Kirchen, die Theater, die Kinos, Museen, die Säle und Stadien, die Kaufhäuser, Kindergärten, die Gasthäuser und Sportstudios, die Kultur- und die Einkaufszentren sind leer geräumt, die Volkshochschulen und die Veranstaltungskalender auch.

Die Bewegungsfreiheit der Menschen wurde massiv eingeschränkt, die Gewerbefreiheit ist ausgesetzt, das Recht auf Eigentum ist suspendiert, Freizügigkeit gibt es nicht mehr, es gibt deutschlandweit Kontaktverbote und Kommunikationssperren, Hausarrest für die Bevölkerung. Das soziale und das wirtschaftliche Leben ist schwer erschüttert. Und es gibt kaum Protest dagegen und keine Demonstrationen; letztere sind ja heute verboten. Die Grundrechtseingriffe im Corona-Jahr 2020 sind extremer, als man es in den sechziger Jahren befürchtete, als gegen die Notstandsgesetze demonstriert wurde. Demonstrieren – das konnte man damals, das tat man damals. Der Kampf gegen die Notstandsgesetze hat die noch junge Bundesrepublik verändert. In einem Land, das auf Untertanengeist gedrillt war, regten sich damals Widerspruch und Widerstand, auch schrill, mit Zuspitzungen und Übertreibungen; es entwickelte sich Streitkultur.

Jetzt passiert das Gegenteil. Die Reaktion auf Corona verändert die gereifte Bundesrepublik. In einem Land mit einer bislang ausgeprägten Streitkultur verschwinden Kritik und Protest. Wo ist das kritische Potential der Gesellschaft? Eine Diskussion über Alternativen zur Aussetzung der Grundrechte hat praktisch nicht stattgefunden.

Die Schriftstellerin Juli Zeh hat dazu in der *Süddeutschen Zeitung* richtig bemerkt, es sei «erstaunlich eigentlich, dass den Menschen ihr Handy wichtiger ist als ihre Bewegungsfreiheit oder die Schulpflicht ihrer Kinder». Erstaunlich ist es auch, wie stumm ansonsten die Schriftsteller in der Krise sind. Man hört und sieht vom kritischen Potential dieser Gesellschaft sehr wenig. Hätte jemand vor einem Jahr, bei einer der vielen Grundgesetz-Feiern, die umfassende Aussetzung der Grundrechte vorhergesagt – er hätte als Spinner gegolten. Hätte er gesagt, dass das sogar ziemlich klaglos funktioniert, dass eine gewaltige Mehrheit der Bevölkerung diese staatlich verordneten Rigorositäten für richtig hält – man hätte ihn ausgelacht. Aber es ist genau so:

Derzeit stimmen nach Umfragen 93 Prozent der Menschen diesen Maßnahmen zu. Die Macht der Bilder von den Corona-Toten aus Italien hat dazu geführt und die Macht der Statistik. Die Zahlen der bloßen Corona-Infektionen wurden und werden verkündet wie die Zahlen von Katastrophenopfern, und die Aussetzung der Grundrechte galt und gilt als Rezept gegen Corona. Das Virus hat nicht nur Menschen befallen, sondern auch den Rechtsstaat.

Das Land lebt im Notstand, der aber nicht Notstand genannt wird, sondern Shutdown, weil das gefälliger klingt. Die Väter des Shutdowns sind keine gewählten Politiker, keine Leute, die in Regierung oder Parlament Verantwortung tragen. Es sind vor allem zwei Virologen: Lothar Wieler, Chef des Robert-Koch-Instituts, und Christian Drosten, Leiter der Virologie an der Berliner Charité. Es sind dies zwei ganz hervorragende Medizinwissenschaftler und Epidemiologen. Aber: Eine demokratische Gesellschaft darf nicht nur auf Epidemiologen hören. Die Bundeskanzlerin muss eilig einen großen Krisenstab einrichten, in dem nicht nur Virologen und Gesundheitsexperten, sondern auch Grundrechts- und Gesellschaftsexperten sitzen – Wissenschaftlerinnen und Wissenschaftler, Expertinnen und Experten aus allen Bereichen der Gesellschaft. Sie sollen, sie müssen die Lage umfassend analysieren und den Ausstieg aus dem Lockdown vorbereiten.

Das kann, das darf nicht allein die Sache der Naturwissenschaft sein, die ist einseitig, sie ist derzeit medizinisch-virologisch. Die Bundeskanzlerin ist selber Naturwissenschaftlerin, Physikerin. Naturwissenschaftler haben andere Vorstellungen von dem, was systemrelevant ist, als Sozial- und Wirtschaftswissenschaftler, als Psychologen, als Experten aus Kultur, Kunst und Religion. Es geht um einen ganzheitlichen Blick auf die Gesellschaft. Es gibt viel zu tun. Es geht um den guten Weg aus der Krise und um die Rückkehr zu guter demokratischer Normalität.

7. April 2020: Warum ein Dankeschön für die Pflegekräfte nicht genügt.[6] Es ist richtig und es ist wichtig, dass Pflegefachkräfte eine Sonderprämie erhalten. Sie arbeiten in der Corona-Krise bis zum Umfallen. Die Arbeitgeber in der Pflegebranche und die Gewerkschaft Verdi haben daher per Tarifvertrag eine Prämie von 1500 Euro vereinbart, die mit dem Juligehalt ausbezahlt werden soll – steuer- und abgabenfrei, wie der Bundesfinanzminister schon zugesagt hat.

In der Pflegebranche ist aber leider nur ein kleiner Teil der Arbeitgeber und Arbeitnehmer tarifgebunden, so dass dieser Tarifvertrag nicht die ganz große Wirkung hat. Der Tarifvertrag muss daher vom Staat für allgemein verbindlich erklärt werden, so dass er auch wirklich für alle Pflegefachkräfte gilt. Und wenn dann auch noch der Staat selber eine Prämie zahlt, wie dies für Bayern Ministerpräsident Söder angekündigt hat – 500 Euro sollen es sein –, ist dies ein kleines und wichtiges Dankeschön für Aufopferung, aber keine Entschuldigung dafür, dass es in Kliniken, Altenpflegeheimen und ambulanten Diensten viel zu wenig Schutzausstattung gibt.

Ein Dankeschön reicht nicht. Die Corona-Krise lehrt, dass Kliniken und Altenheime keine Profitcenter sein dürfen. Corona lehrt, dass im Gesundheitswesen und im Altenpflegewesen ein grundsätzliches Umdenken und Umsteuern erforderlich ist. Die Kommerzialisierung der Medizin und der Geriatrie war falsch. Sie hat zu bösen Fehlentwicklungen geführt. Sie muss rückgängig gemacht werden.

Kaufleute und Betriebswirte haben aus der Medizin immer mehr eine Industrie gemacht. Sie haben die Krankenbehandlung ökonomisiert. Das bekommt den Ärzten nicht und den Patienten auch nicht. «Pflege und Krankheit sind nicht börsen- und renditefähig», sagt der Münchner Pflegekritiker Claus Fussek seit vielen, vielen Jahren. Man hat ihn ausgelacht. Aber er hatte und hat recht. Für Kranke sind Faktoren wichtig, die in betriebswirtschaftlichen Programmen keine oder kaum eine Rolle spielen: Zeit, Geborgenheit – und, ja, auch dies, ja, auch wenn es altmodisch klingt – Barmherzigkeit!

Unser aller Grundnorm ist der Artikel 1 Grundgesetz «Die Würde des Menschen ist unantastbar». Die Würde des Menschen ist unantastbar: Das gilt in besonderer Weise für kranke und für alte Menschen. Das Krankenhaus, die Arztpraxis, das Pflegeheim gehören zu den wichtigsten Orten, an denen sich dieser Satz des Grundgesetzes bewähren muss. Die Ethik des Gesundheitswesens beginnt damit, dass dort auch andere Regeln gelten als die der Ökonomie.

Die Würde des Menschen ist unantastbar. Der Sozialstaat ist die Einrichtung, die diese Würde organisiert. Ich halte den Sozialstaat, trotz all seiner uns bekannten Mängel, für eine der größten europäischen Kulturleistungen. Es ist zerstörerisch, wenn der Sozialstaat demontiert wird. Was ist notwendig? Notwendig im Gesundheitswesen sind nicht zuvorderst Kostenmanager, betriebswirtschaftliche Abrechnungen, Gewinn- und Verlustrechnungen. Notwendig ist die Auferstehung von Nächstenliebe und Fürsorge – wie sich das jetzt in der Corona-Not zeigt. Es ist bitter, dass erst eine Pandemie zeigen muss, welche Korrekturen im Gesundheitswesen notwendig sind.

11. April 2020: Bittere Medizin.[7] Nur zu unserem Besten ist es, worauf wir jetzt verzichten sollen. Es war nach Meinung der meisten Finanzexperten auch nur zum Besten Italiens, Portugals, Spaniens und, ganz vorn, Griechenlands, dass sie in der Finanzkrise von 2008, zur angeblichen Gesundung von Staat und Gesellschaft, bittere Medizin nach den Austeritätsrezepten der Troika schlucken mussten. Verzichtsdisziplin und Entbehrung sollten den Patienten helfen. Die genannten Länder kastrierten ihr Gesundheitswesen, um am Tropf Europas zu bleiben.

Es ist in der Corona-Krise lehrreich, die Berichte und Zahlen von damals wieder aufzurufen. «EU-Finanzkrise und die Folgen: Am Ende bezahlen die Kranken», titelte das *Deutsche Ärzteblatt* 2012 und berichtete von den desaströsen Verhältnissen in den krank gesparten griechischen Krankenhäusern. Es fehlte an Geräten, Material und Medikamenten. Die Ärzte arbeiteten für 1500 Euro im Monat, das Pflegepersonal musste monatelang darauf warten, überhaupt bezahlt zu werden. Diese Ärzte und Krankenschwestern sind mittlerweile ins Ausland gegangen. Es fehlen 20 000 Pflegekräfte. Insgesamt zählt Griechenland heute nur 215 zur Corona-Behandlung geeignete Krankenhausbetten. «Austerity kills»; der Protestspruch von damals steht noch an den Hauswänden. Man fragt sich: Wieso haben damals Fernsehbilder aus griechischen Krankenhäusern nicht so aufgeregt wie heute diejenigen aus italienischen? Vielleicht, weil sie nur in Dokumentationen spätabends gezeigt wurden und weil die Krankheiten nicht ansteckend waren.

Man mag sich nicht vorstellen, wie die Bilder aus den griechischen Kliniken ausgeschaut hätten, wäre die Corona-Welle zuerst auf Griechenland und nicht auf Italien getroffen, wo die Zahl der Krankenhäuser «nur» um 15 Prozent heruntergekürzt wurde. Man nannte das Anpassungsmaßnahmen. Die Zahl und Ausstattung der Krankenhäuser wurden allem Möglichen angepasst, aber nicht dem Bedarf der Kranken und schon gar nicht einem Bedarf, den eine Virusepidemie schafft. Auch in Deutschland ist das Gesundheitssystem auf Marktvernunft geeicht und auf Privatisierung, Gewinnorientierung und Kostensenkung getrimmt worden – im Vergleich zu den südeuropäischen Staaten freilich auf geradezu luxuriösem Niveau.

Die im Augenblick alles entscheidende Zahl ist die Zahl der Intensivpflegebetten; sie entscheidet auch über die Einschränkung von Grundrechten. Diese Zahl ist aber nicht vom Himmel gefallen, sie ist das Ergebnis politischer Entscheidungen, die in

Deutschland 1985 begannen. Ab da lockerte der Bundestag die Gesetze, die es untersagten, mit Krankenhäusern Gewinne zu machen. Das Krankenhaus wurde zum Geschäftsmodell, mit dem Geld zu machen war. Damit einhergehend führte die rotgrüne Regierung ein neues Vergütungssystem ein, das dazu führt, dass Fallzahlen in die Höhe getrieben, Liegezeiten verkürzt und die Bettenkapazitäten nach der Just-in-time-Logik berechnet werden müssen, um finanziell gesund zu sein. «Am Ende bezahlen die Kranken.» So ist das heute auch in Deutschland. An diesem Ende muss nun ein neuer Anfang stehen. Der Anfang dieses Anfangs ist es, dass man sich daranmacht, die Gesetze der vergangenen Jahre zu korrigieren und sie nicht wie Naturgesetze zu behandeln. Sie gehören so korrigiert, dass das Gesundheitswesen wieder zum Bestandteil einer gemeinwohlorientierten und bedarfsgerechten Daseinsvorsorge wird, die ebenso wenig wie die Wasserversorgung durchkommerzialisiert werden darf.

Als mein Vater im Krankenhaus der Barmherzigen Brüder im Sterben lag, ging ich dort oft am Porträt eines lächelnden Mönches vorbei. Es zeigte den Frater Eustachius Kugler. Er wurde 1867, in dem Jahr, in dem Karl Marx den ersten Band seines Werks «Das Kapital» herausgab, als Sepperl, als sechstes Kind der Kleinlandwirts-Eheleute Kugler in meinem oberpfälzischen Heimatort geboren. Er war Provinzial der Barmherzigen Brüder, hat die großen Krankenhäuser seines Ordens gebaut. In den Gottesdiensten meiner Kindheit wurde von ihm gepredigt.

In Erinnerung geblieben ist mir, dass er die klassenlose Krankenpflege anordnete: «Tut mir vor allem die armen Schwerkranken pflegen, um die sich sonst niemand recht kümmert», sagte er dem Oberpfleger. «Wenn ein Bischof als Patient kommt, braucht man nicht so zu laufen, weil genug andere da sind!» Welche Anweisung würde er heute geben? Er würde davor warnen, Gewinnerzielung zur handlungsleitenden Kategorie zu machen. Er würde für ein heilungsorientiertes Gesundheitswesen werben. Und der Verwaltungschef würde antworten: «Mit Mitgefühl allein schreiben wir rote Zahlen. Die Wahrheit ist leider: Erst kommt das Fressen, dann die Moral.» Eustachius würde erwidern: «Und dann kommt Corona.»

19. April 2020: Anti-Corona-App, Fitnesstracker, Smartwatch – Warum da die Herzfrequenz steigt.

Wird die Corona-Warn-App der Durchbruch sein im Kampf gegen das Virus? Wird die App zur Eintrittskarte für Restaurant und Supermarkt, Gottesdienst, S-Bahn und Volkshochschule?[8] Wenn Sie sich die App auf Ihr Smartphone laden wollen, dann geht das ganz einfach: Sie tippen bloß auf den Touchscreen und erklären so, dass Sie diese App wollen; und schon haben Sie sie, ganz freiwillig. Die Kanzlerin will das so, die Ministerpräsidenten wollen das so und die Virologen auch. Die Bundesregierung bezeichnet die Corona-Warn-App als «ganz zentralen Baustein» für ihre Gesundheitspolitik. Warum? Es sollen auf diese Weise Ihre Kontakte zu infizierten Menschen nachvollziehbar werden. Und wenn Sie selbst infiziert sind, sollen die Personen, mit denen Sie Kontakt hatten, möglichst schnell gewarnt werden. Dafür soll diese Anti-Corona-App sorgen. Und wozu sie dann noch genutzt werden kann, um den Alltag der Menschen zu regulieren – wer weiß?

Die App hat einen komplizierten Namen. Sie heißt: «Pan European Privacy-Preserving Proximity Tracing», abgekürzt «Pepp-Pt». Die Sache selbst ist nicht so kompliziert wie der Name: Die App merkt sich, welchen anderen Menschen Sie länger und mit nur geringem Abstand begegnen – in Ihrer Wohnung, auf der Straße, im Supermarkt, in der S-Bahn oder sonst wo. Die App weiß natürlich nicht, wie der Mensch heißt, dem Sie begegnen; aber die App registriert das Smartphone, das dieser andere Mensch bei sich trägt. Die App, die Sie installiert haben, erschafft nämlich speziell für Sie eine individuelle Identifikationsnummer und sendet diese per Bluetooth in die Welt. Gleichzeitig sucht und findet Ihre App solche Signale, die von anderen Smartphones in Ihrer Nähe gesendet werden. Die Signale werden verschlüsselt gespeichert – und so wird eine ganze Liste von Identifikationsnummern der Menschen erstellt, die Ihnen nahe gekommen sind, Ihrer zufälligen Nahesteher.

Stellt dann ein Nutzer fest, dass er an Covid-19 erkrankt ist, übermittelt er die Liste, die auf seinem Smartphone gespeichert ist, an einen zentralen Server, der beim Robert-Koch-Institut, also einer Oberbehörde des Bundes, steht. Um Missbrauch zu vermeiden, müssen die Gesundheitsbehörden diese Corona-Krankmeldung bestätigen. Sodann erhalten die Kontaktpersonen des erkrankten Menschen auf ihrem Smartphone eine automatische Push-Benachrichtigung und werden aufgefordert, sich testen zu lassen oder sich in Quarantäne zu begeben. So wird einem diese App derzeit vorgestellt.

Die Politiker werben für diese App, die Virologen auch. Die Datenschützer haben überwiegend nichts dagegen – vor allem deshalb, weil andere Anti-Corona-Apps, die auch schon in der Diskussion waren oder die in der Diskussion sind, noch viel massiver in die Privatsphäre eingreifen würden. Pepp-Pt gilt ihnen derzeit als die am wenigsten schlimme Anti-Corona-App. Dass auch das wenig Schlimme nicht unbedingt gut ist, traut sich kaum jemand zu sagen.

Es gibt in der Tat Schlimmeres – beispielsweise Überlegungen, die Quarantäne per Smartphone zu überwachen. Das würde dann so ähnlich funktionieren wie bei der elektronischen Fußfessel für Straftäter, die ihre Haftstrafe zu Hause in der Wohnung statt im Gefängnis absitzen dürfen. Weil man aber das Smartphone, um sich der elektronischen Kontrolle zu entziehen, einfach zu Hause im Schlafzimmer liegen lassen kann, gibt es – zum Beispiel in Hongkong – gesundheitspolizeiliche Kontrollanrufe per Video. Wollen wir das?

Bundesgesundheitsminister Jens Spahn wollte vor ein paar Wochen nicht nur ein Handy-Tracing, sondern ein Handy-Tracking ins Infektionsschutzgesetz schreiben – also nicht nur die Sozialkontakte, sondern auch die jeweiligen Aufenthaltsorte und Bewegungen eines Menschen via Smartphone registrieren, und zwar nicht auf freiwilliger, sondern auf gesetzlich verpflichtender Basis. Er wollte, dass der Staat Zugriff auf die Verkehrs- und Standortdaten der Smartphones von Corona-Infizierten hat. Nach heftiger Kritik verzichtete er vorläufig darauf, kündigte aber an, seine Idee weiterzuverfolgen.

Die Anti-Corona-App, für die sich die Kanzlerin und die Ministerpräsidenten und die Virologen so einsetzen, soll ‹freiwillig› sein. Die Freiwilligkeit der Installation wird immer wieder betont – gleichzeitig aber darauf hingewiesen, dass das Ganze nur funktioniert, wenn möglichst alle Smartphone-Nutzer mitmachen, mindestens aber siebzig bis achtzig Prozent. Der soziale Druck, solche Apps zu nutzen, wird steigen. Man wird sich erklären müssen. Und der Druck im Freundes- und im Kollegenkreis wird aggressiv sein. Man wird bezichtigt werden, unsolidarisch zu sein und sich auf Kosten der anderen schadlos zu halten.

Ist das so? Wie freiwillig ist eine Freiwilligkeit, die aus Angst geboren ist? Und wie freiwillig ist eine Installation der App, wenn womöglich der Zugang zu bestimmten Orten davon abhängig gemacht wird, dass man sie hat? Was ist, wenn man nur noch mit App in die Kneipe kommt oder in den Zoo? Werden die Gerichte einen solchen Druck verbieten? Oder werden sie sagen: Das ist doch verhältnismäßig, das ist besser, als den Zoo oder die Kneipe ganz zuzusperren! Wie freiwillig ist die Installation der App, wenn die Alternativen Lockdown und Kontaktverbot sind?

Womöglich läuft es, wenn die Apps erst einmal in ausreichender Zahl installiert sind, so, dass diese Apps als eine Art

Eintrittskarte oder Passierschein fürs Restaurant, für den Fitness-Club, die Autowerkstatt oder den Gottesdienst funktionieren.

Der Berliner Rechtsanwalt Guido Meyer-Arndt entwickelt dazu folgendes Szenario: Solange Sie keine prekären Kontakte mit infizierten Personen haben, zeigt die Oberfläche Ihrer App ein grünes Blinken. Es ertönt dann kein Signal beim Betreten von S-Bahn, U-Bahn oder Omnibus. Sie können problemlos passieren. Im Verdachtsfall aber, wenn Sie länger mit infizierten Personen in Kontakt gekommen sind, werden Sie von Ihrer App gewarnt. Ihr persönlicher Status wechselt dann automatisch in «Verdachtsfall!», auf den das Infektionsschutzgesetz anwendbar ist; es gelten die Meldepflichten, Sie werden in Quarantäne geschickt, müssen die GPS-Funktion Ihres Smartphones einschalten, um geortet werden zu können.

Im Extremfall schaltet Ihre App auf ‹Rot›, sie blinkt warnend. Bei der Begegnung mit allen Menschen, welche die Warn-App installiert haben, ertönt ein Warnsignal; und in Supermärkten, im Büro, im öffentlichen Personennahverkehr, im Bahnhof und im Flughafen, im Gottesdienst und in der Volkshochschule … wird der Zutritt verweigert. Man braucht dazu nicht außergewöhnlich viel Phantasie, denn so läuft es bereits in China und in anderen asiatischen Staaten wie Südkorea.

Ist das ein absurdes Szenario für Deutschland? Es ist jedenfalls nicht unplausibel. Die Politik schwört freilich Stein und Bein, dass so eine App nur dann erlaubt wird, wenn sie absolut sicher und grundrechtsverträglich sei – und wenn klar ist, dass die gespeicherten Daten nach gewisser Zeit rückstandslos gelöscht werden. Indes: Wenn die Corona-Krise bisher eines gelehrt hat, dann dies: Das Sichere ist nicht sicher. Und wenn die jahrzehntelange Erfahrung mit Überwachungsmaßnahmen etwas gelehrt hat, dann dies: Sie werden keinesfalls zurückgenommen, wenn die konkrete Gefahr vorbei ist; sie werden zumeist dauerhaft installiert und ihr Anwendungsbereich wird noch ausgeweitet.

Also: Ist es sicher, dass so eine App künftig nicht auch zur Bekämpfung einer gefährlichen saisonalen Grippe eingesetzt wird – mit dem Argument, dass die App doch bei Corona so gut funktioniert hat? Ist es sicher, dass so eine App künftig nicht auch nach einem Terroranschlag genutzt wird, um nach Gefährdern zu suchen? Ist es sicher, dass so eine Corona-Warn-App nicht der Anfang einer großen fürsorglichen Überwacherei ist?

Das Robert-Koch-Institut hat vor wenigen Tagen eine App veröffentlicht, in der Nutzerinnen und Nutzer ihre Daten aus Fitnesstrackern und Smartwatches freiwillig «spenden» können. Diese Daten sind nicht irgendwelche Daten, sie sind hochsensibel: Es handelt sich zum Beispiel um die HRV-Daten, um die Heart Rate Variability, die Herzschlagraten. Man kann daraus Erkenntnisse für die Lungentätigkeit gewinnen; das ist für eine Behörde wichtig, die für den Infektionsschutz da ist. Die Herzfrequenz spiegelt aber auch alle Emotionen wider. Wenn ich mir vorstelle, dass die Daten aus der Anti-Corona-App und die Gesundheitsdaten aus Fitnesstrackern und Smartwatches zusammengeschaltet und kombiniert werden – dann steigt meine Herzfrequenz.

25. April 2020: Kann man sich darauf verlassen, dass die Corona-Maßnahmen vorübergehende Maßnahmen sind?

Kann man sich auf das Verfallsdatum verlassen, das die scharfen Regeln des neuen Infektionsschutzrechts enthalten? Sie sind spätestens, so heißt es im Gesetz, «mit Ablauf des 31. März 2021 aufgehoben».[9]

Lebensmittel haben ein Haltbarkeitsdatum. Wenn das Datum abgelaufen ist, verändern sich Aroma, Geschmack und Konsistenz. Brot kann verschimmeln, Fleisch vergammeln, Obst verfaulen; die Sache stinkt – nicht immer, aber oft. Gelegentlich halten Lebensmittel auch länger, aber nicht ewig. Käme ein Lebensmittelgeschäft deswegen auf die Idee, das bisherige Datum einfach durchzustreichen und durch ein neues zu ersetzen – das Verfallsdatum dieses Ladens wäre schnell erreicht.

Ausgerechnet dann, wenn es ums Recht geht, ist das anders. Da ist es gang und gäbe, dass das alte Haltbarkeitsdatum von Paragrafen einfach durch ein neues ersetzt wird. Besonders die heiklen Gesetze, also die Gesetze zur Bewältigung von Notlagen, haben zwar oft ein Verfallsdatum, das in diesen Gesetzen festgelegt ist (das wird deswegen so gemacht, um der Kritik an diesen Gesetzen die Spitze zu brechen). Aber wenn es dann so weit ist, achtet kaum mehr jemand darauf: Kurz bevor die Frist abläuft, werden die Laufzeiten einfach verlängert. Die Aufregung darüber hält sich meist in Grenzen.

Das ist die Erfahrung der vergangenen Jahrzehnte; das ist die Erfahrung, die man mit den Sicherheitsgesetzen der RAF-Zeit und die man mit den Sicherheitspaketen der Zeit des islamistischen Terrors gemacht hat. Diese Gesetze kamen ganz schnell, die Pakete wurden binnen weniger Tage und ohne große Beratungen gepackt, um so auf die neuen Gefahren zu reagieren. Die Minister und die Regierungen, die die Gesetze gefordert und durchgesetzt haben, traten ab und gingen – aber ihre Gesetze vergingen nicht mehr.

Ist das die Erfahrung, die man nun auch mit den Anti-Corona-Gesetzen machen wird? Die Regeln des neuen Infektionsschutzrechts des Bundes vom 27. März 2020 enthalten ein Verfallsdatum. Verordnungen, die auf der Basis dieses Gesetzes erlassen werden, sind spätestens «mit Ablauf des 31. März 2021» aufgehoben. In den einschlägigen Ländergesetzen gibt es auch solche Befristungen. Werden die Befristungen der Anti-Corona-Maßnahmen so locker gehandhabt werden, wie dies bei früheren Sicherheitsgesetzen geschah?

Die Bundesjustizministerin versichert, dass das nicht so sein wird. Sie weiß, dass die derzeitigen Grundrechtseinschränkungen beispiellos sind in der Geschichte der Bundesrepublik. Sie beteuert daher: Das alles wird so oft und so gründlich überprüft werden wie nötig. Sie verspricht: Die Kontaktverbote und all die anderen Einschränkungen der Corona-Krisenzeit werden nicht länger dauern als unbedingt erforderlich. Und je länger sie dauern, so bekräftigt Ministerin Christine Lambrecht, umso ausführlicher und tiefschürfender werden die Begründungen sein müssen. Da hat die Ministerin recht: Denn nicht die Inanspruchnahme von Grundrechten, sondern deren Einschränkung und Aussetzung ist begründungspflichtig. Nicht der Bürger, der sich auf seine Grundrechte beruft, muss das begründen; sondern der Staat muss begründen, warum er sie nicht gewährt – das gilt für die Länder und für den Bund gleichermaßen. Grundrechte stehen grundsätzlich nicht unter Erlaubnisvorbehalt.

Die Versprechungen und Beschwichtigungen der Christine Lambrecht klingen freilich eher wie die Beschwörung, dass es so sein möge. Die Erfahrungen mit den großen Sicherheits-, Not- und Ausnahmegesetzen sprechen dagegen. Fast alle Sicherheitsgesetze wurden nicht nur nicht aufgehoben, sie wurden auch noch ausgebaut und verschärft; und wenn das Bundesverfassungsgericht sie storniert hat, wurden sie alsbald – wie die Vorratsdatenspeicherung – etwas verändert reaktiviert. Die Anti-Terror-Pakete von 2001 haben Kinder gekriegt, es wurden neue Anti-Terror-Pakete gepackt, zuletzt 2016.

Die Anti-RAF-Gesetze von 1977 bis 1979 haben Wohnungsdurchsuchungen erleichtert, Kontrollstellen zur Personenidentifizierung eingeführt und die Beweisverfahren im Strafprozess vereinfacht. Die Zwangsmittel der Strafverfolgungsbehörden wurden ausgebaut – und zwar so, dass sie mehr und mehr auch völlig Unschuldige miteinbezogen. Der Zugriff auf Unbeteiligte wurde im Zuge dieser Ermittlungsmaßnahmen (Telefonüberwachung, Raster- und Schleppnetzfahndung, Observation) die Regel. Was als Quasi-Notstandsrecht zur Bekämpfung der RAF begonnen hatte, wurde nie mehr gründlich evaluiert und im Lauf der Zeit straf- und sicherheitsrechtlicher Standard.

Es folgten die Terrorismusbekämpfungsgesetze von 2001. Man muss sie sich so vorstellen: An eine Lokomotive mit der Aufschrift «New York/11. September» wurden viele Güterwaggons angehängt, beladen mit neuen Paragrafen, die zum Teil mit Terrorismusbekämpfung gar nichts zu tun hatten. Mit diesen Paragrafen wurden Präventionsmaßnahmen ausgebaut, Zugriffsrechte zur Vorbeugung; sie reichen bis hin zur Vorbeugehaft. Niemand hat den Zug gestoppt. Die Laufzeiten wurden viermal um jeweils fünf Jahre verlängert. So sieht Gewöhnung aus.

Die Geheimdienste wurden mit den 9/11-Gesetzen zu einer Art Polizeiorgan, sie dürfen wie die Polizei ermitteln, ohne aber wie die Polizei kontrolliert zu werden; sie dürfen bei Kreditinstituten, Luftverkehrsunternehmen und Kommunikationsdienstleistern Daten abfragen und Auskünfte einholen; Personen, die in wichtigen Einrichtungen arbeiten, werden vom Geheimdienst überprüft. Davon erfährt der Betroffene nichts. Er spürt nur die Folgen (auch eventueller Denunziation): eine faktisch nicht angreifbare arbeitsrechtliche Kündigung oder Nichteinstellung. Er kann sich dagegen nicht wehren. So viel zum beliebten Satz, dass der nichts zu befürchten hat, der nichts zu verbergen hat.

Was bei den bisherigen Sicherheitsgesetzen der Terrorismus war, ist bei den Gesundheitssicherungsgesetzen das Virus. Das Virus wird zum Gesetzgeber. Das Argument «Schutz der Gesundheit» ist freilich viel eingängiger und viel bestechender, als das Argument «Schutz vor dem Terror» es je war. Das könnte dazu führen, dass die allgemeine Angst vor dem Virus die sorgfältige Prüfung der Grundrechtseingriffe ersetzt. Das könnte auch dazu führen, dass scharfe Maßnahmen aufrechterhalten bleiben, wenn die Gefahr gebannt ist – nun zur Vorbeugung. Dann hätte das Virus den Rechtsstaat befallen.

21. Juni 2020: Unter 18, Covid-19. Wird es einmal ein Makel sein, das Abi 2020 gemacht zu haben? Wird es das «Corona-Abi» sein?[10] Es gibt Themen, die stehen schon so lang auf der Tagesordnung, dass man sich darüber wundert, dass sie immer noch dastehen. Weil sie schon so lang dastehen, werden sie kaum noch zur Kenntnis genommen. Das Thema Kinderrechte im Grundgesetz gehört dazu. Darüber wird nun seit fast dreißig Jahren diskutiert; passiert ist – fast nichts. Der Tierschutz steht längst in der Verfassung, der Kinderschutz noch immer nicht. Es gibt einen unzureichenden Gesetzentwurf der Bundesjustizministerin; das ist alles; das ist das Ergebnis von dreißig Jahren Diskussion. «Bei allen Maßnahmen, die Kinder betreffen, ist das Wohl des Kindes vorrangig zu berücksichtigen», so müsste das Kindergrundrecht lauten – angelehnt an die Formulierung der UN-Kinderkonvention. In der Formulierung der Bundesjustizministerin heißt es kleinmütig, das Kindeswohl sei bei allem staatlichen Handeln «angemessen» zu berücksichtigen. Das ist ein Muster ohne Wert. Nicht «angemessen», sondern «vorrangig» muss das Kindeswohl berücksichtigt werden. Also: «Bei allen staatlichen Maßnahmen muss das Kindeswohl vorrangig berücksichtigt werden.»

Wenn das so ist und wenn es dieses starke Kindergrundrecht in der Corona-Zeit schon gegeben hätte – hätte die Politik dann den Kindern so viele Türen so schnell und so lang zusperren dürfen: die Türen der Kindertagesstätten, der Schulen? Hätten die Spielplätze und die Sportplätze geschlossen werden dürfen – und auch noch die Türen der Familienwohnungen? Hätte es für Kinder die rigorosen Kontaktsperren geben dürfen? Hätte es sein dürfen, dass auch die Kinder, die in prekären Verhältnissen leben, deren Zuhause also schon in normalen Zeiten ein schwieriges Zuhause ist, in diesem Zuhause rund um die Uhr festgehalten werden?

Wird man später von einer «Generation Corona» reden, von einer Generation, die durch die Maßnahmen gegen Corona geschädigt wurde? Holger Münch, der Präsident des Bundeskriminalamts, ist besorgt über die Lage von potenziell gefährdeten Kindern während der Pandemie. Bei der Präsentation der Kriminalstatistik sagte er zwar, dass derzeit bei der Polizei noch nicht mehr Hinweise auf Gewalt und Missbrauch in den Familien eingehen als sonst. Diese Daten seien aber mit äußerster Vorsicht zu genießen, das Dunkelfeld sei groß und die soziale Kontrolle sei schwach – weil den Kindern der Kontakt mit Lehrern und Erziehern fehle. Marcus Weinberg, der familienpolitische Sprecher der CDU/CSU-Bundestagsfraktion, meint: «Die Auswirkungen sind teilweise verheerend und werden langfristig wirken, insbesondere, wenn es um die Folgen von Gewalt gegen Kinder und Kindesmissbrauch geht. Auch die lange soziale Isolation könnte bei einigen Kindern Spuren hinterlassen haben.»

Wird es einmal ein Makel sein, das Abi 2020 gemacht zu haben, wird es das «Corona-Abi» sein? Es hat im Moment den Ruch, mit allzu viel Großzügigkeit verliehen zu werden; das stimmt nicht, denn der Abschluss wird zum großen Teil von den Leistungen der vorausgegangenen Jahre bestimmt. Diejenigen, die jetzt die Schulen verlassen, leiden darunter, dass sie nicht feiern können und ein vermeintlich zweitklassiges Zeugnis haben. In vielen Abituransprachen wird wohl davon geredet werden, worauf die «Generation Corona» alles verzichten muss. Vielleicht sollte man den jungen Leuten nicht nur Mitleid entgegenbringen, sondern ihnen auch sagen: «Ihr habt jetzt was übers und fürs Leben gelernt, was andere erst später lernen. Ihr könnt was draus machen.»

Die allermeisten Schulen und Kindergärten laufen immer

noch im Minimalbetrieb oder werden wieder ganz geschlossen, sobald Erwachsene in der Nachbarschaft das Virus verbreiten. Dabei sind die Corona-Ausbrüche der vergangenen Wochen nicht von Kindern ausgegangen, sondern von Erwachsenen. Der SZ-Kollege Hanno Charisius hat bitter kommentiert: «Kinder müssen nun dafür büßen.»

Als es den Corona-Ausbruch in einer riesigen Fleischfabrik im Landkreis Gütersloh gab, als Hunderte Virustests positiv ausfielen, als Tausende Menschen in Quarantäne kamen – was tat der zuständige Landrat? Er ordnete die Schließung aller Schulen und Kindergärten im Kreis an. Begründung: Dies sei besser als ein Lockdown und ein gutes Mittel gegen die Ausbreitung des Virus. «Das ist Unsinn», kommentierte der Wissenschaftskollege Charisius. Gewiss seien Schulen und Kindergärten Stätten des Austausches für Krankheitskeime aller Art – aber dagegen brauche es andere Maßnahmen als die Zusperrerei von Schulen. Die Kultusminister haben soeben angekündigt, dass der Regelbetrieb an allen Schulen nach den Sommerferien wieder aufgenommen werden soll. Die Schulen wurden schnell zugemacht und sie blieben lange geschlossen. Und ihre schnelle Schließung bei neuen Infektionen gilt immer als probate Maßnahme. Martin Löwe, der Vorsitzende des Bayerischen Elternverbands, klagt: Es sei nicht nachvollziehbar, dass Biergärten und Fitnesscenter öffnen, «aber unsere Kinder nicht in die Schule dürfen. Wir sind am Ende unserer Kräfte.» Löwe konstatiert einen großen Leidensdruck auf Seiten der Eltern. Der Kollege Charisius fügt an: «Schlägt das Virus zu, trifft es letztlich die Kleinen. Nicht weil es besonders viel bringen würde, Schulen und Kindergärten zu schließen, sondern weil es so einfach ist. Und die betroffenen Familien sind längst viel zu erschöpft, um sich noch zu wehren.»

Der Kinderbonus von 300 Euro, den die Koalition im Konjunkturpaket versprochen hat, ist nur eine Art Leckerli. Satt und stark werden die Familien davon nicht. Satter und stärker würden sie durch langfristige Maßnahmen – zum Beispiel dann, wenn das Ehegattensplitting im Steuerrecht durch ein Familiensplitting, auch Kindersplitting genannt, ersetzt würde. Für den Steuertarif ist es derzeit egal, ob die Ehegatten vier Kinder haben oder keines. Es zählt die Ehe und sonst nichts. Das Steuerrecht ist hinter der Rechtsentwicklung zurückgeblieben. Im Familienrecht ist die Ehefixiertheit seit langem zu Ende. Dreh- und Angelpunkt, etwa für Unterhaltsansprüche, ist dort das Kind, nicht mehr die Ehe. Der Stellenwert der Ehe hat abgenommen, der Stellenwert der Kinder hat zugenommen.

Das ist kein Werteverlust, das ist eine Werteverlagerung. Familie definiert sich nicht mehr über die Ehe, sondern über Kinder. Kinder sind schutzbedürftig; und sie sind förderungswürdiger als kinderlose Paare. Deshalb ist es höchste Zeit für ein Kindersplitting im Steuerrecht; deshalb ist es höchste Zeit für ein Kindergrundrecht in der Verfassung. Dem Kindersplitting und dem Kindergrundrecht darf es nicht ergehen wie dem Fliegenden Holländer, der immer unterwegs ist, aber nie ans Ziel kommt. Eine Verfassung ist nicht nur eine Ansammlung von juristischen Formulierungen. Sie ist auch so etwas wie eine Liebeserklärung an ein Land und seine Menschen.

Wenn das so ist, dann ist wirklich nicht einzusehen, warum in dieser Liebeserklärung ausgerechnet die Kinder nicht vorkommen sollen. Und die Liebe zeigt sich nicht darin, dass die Politik bei grassierenden Infektionen zuallererst die Schulen und die Kindergärten zusperrt. Dass beim großen Lockdown im März, als man über das Virus noch wenig wusste, alles betroffen war, muss man vielleicht jetzt nicht mehr kritisieren. Aber auf der jetzigen Wissensbasis erscheint es nicht verhältnismäßig, die Schulen zu schließen. Das widerspricht den Rechten der Kinder und der Jugendlichen, das widerspricht dem U-18-Grundrecht.

Grundrechte in Coronien

26. Juli 2020: Die Krise trifft die Schwächsten am stärksten. Das Aufwachsen in Armut begrenzt und beschämt das Leben. Es braucht daher ein Schicksals-Korrekturgesetz für die Kinder:[11] Familien mit Kindern brauchen mehr Geld. Die dreihundert Euro Corona-Bonus pro Kind, die im Rahmen des Konjunkturpaketes ausgezahlt werden, sind für die bedürftigen Familien viel zu wenig, sie sind ein schlechter Witz. Im reichen Deutschland ist mehr als jedes fünfte Kind arm oder armutsgefährdet, das sind 2,8 Millionen Kinder und Jugendliche unter 18 Jahren; sie sind weit entfernt von einem Lebensstandard, der als normal gelten könnte. Eine Bertelsmann-Studie wies soeben mit Recht warnend darauf hin – und auch darauf, dass die Corona-Krise die Lage noch schlimmer macht. Diese bedrückende Studie fand weit weniger Aufmerksamkeit als die Überlegungen, ob es einen Corona-Zwangstest für Urlaubsrückkehrer geben soll. Gewiss, ein solcher Test ist ein Freiheitseingriff, aber kein gewaltiger. Die Armut von 2,8 Millionen Kindern und Jugendlichen, die allein den Gedanken an Urlaubsreisen verbietet, ist ein ganz gewaltiger Eingriff in die Lebenschancen.

Es ist eine bedrückende Tatsache: Aufwachsen in Armut begrenzt, beschämt und bestimmt das Leben von Kindern. Und Corona wird auch die Bildungsungleichheit weiter verstärken. In armen Familien fehlt nicht selten ein Laptop und ein Internetzugang, in armen Familien gibt es oft keinen ruhigen Platz zum Arbeiten. Arme Kinder sind seltener Mitglied in einem Verein, arme Kinder kommen aus ihrer eigenen Lebenswelt nicht heraus. Arme Kinder können keine anderen Kinder einladen. Arme Kinder treffen andere arme Kinder bei der Tafel.

Vor genau vier Monaten ist das erste «Gesetz zum Schutz der Bevölkerung bei einer epidemischen Lage von nationaler Tragweite» in Kraft getreten. Diese Überarbeitung des Infektionsschutzgesetzes war die Grundlage für den Lockdown, sie war Grundlage für einschneidende und umfangreichste Grundrechtseinschränkungen. Es ist viel darüber diskutiert worden und es wird viel darüber diskutiert. Über die Kinderarmut in Deutschland wurde und wird viel zu wenig diskutiert. Auch hier geht es um die Behebung einer Notlage von nationaler Tragweite. Die Kinder in bedürftigen Familien gehören zu denen, die an der Corona-Krise am meisten leiden. Die Krise trifft die Schwächsten am stärksten. Es braucht ein Kinderschicksalskorrekturgesetz.

So ein Gesetz sollte nicht dazu führen, dass Eltern armer Kinder, also arme Eltern, noch mehr Anträge stellen müssen. Die Devise muss lauten: weniger Anträge, mehr Geld. Manchmal ist das, was nötig ist, ziemlich schlicht: Arme Familien brauchen mehr Geld. Wer für eine Kindergrundsicherung oder für ein Teilhabegeld wirbt, dem wird vorgehalten: Die Eltern geben das Geld doch nur für Alkohol und große Fernseher aus. Gewiss gibt es solche Fälle. Wahr ist aber in der großen Mehrzahl das Gegenteil: Arme Eltern sparen häufig tapfer an sich selbst, um ihren Kindern möglichst viel zu ermöglichen. Die Gesellschaft darf nicht zu bequemen Ausreden greifen, um zu rechtfertigen, dass sie weiterhin nichts tut. Das reproduziert und potenziert die Ungleichheit in der Gesellschaft. Das gefährdet die Demokratie.

9. August 2020: Ein Shutdown ist kein Heilmittel, sondern ein Elend.[12]

Der Unterricht des neuen Schuljahres hatte soeben erst wieder begonnen, da wurden zwei Schulen in Mecklenburg-Vorpommern wegen Corona schon wieder geschlossen. Betroffen sind ein Gymnasium und eine Grundschule. Am Gymnasium war eine Lehrerin positiv getestet worden. Sie hatte noch gar nicht unterrichtet, hatte aber mit Kolleginnen und Kollegen an einer Fortbildung teilgenommen. Ist es zu verantworten, deswegen alle Schülerinnen und Schüler nach Hause zu schicken? An der geschlossenen Grundschule war ein Schüler infiziert. Also: *Ein* Schüler ist infiziert, die ganze Schule ist *zwei*

Wochen lang geschlossen. Ist das verhältnismäßig? Ja? Wegen des Risikos? Wenn es künftig bei jeder einzelnen Infektion einen Schul-Shutdown gibt – dann besteht das viel größere Risiko darin, dass eine ganze Generation massive und nicht heilbare Verletzungen erleidet. Es geht nichts über Lernen in Gemeinschaft unter Anleitung. Der Shutdown ist kein Heilmittel, er ist ein Elend.

In der Phase, in der Kinder beginnen, sich vom Elternhaus zu lösen, ist das Lernen zu Hause mit den Eltern kontraproduktiv und konfliktträchtig; diese angespannte Atmosphäre mindert den Lernerfolg. Mit eigenständigem Lernen sind die meisten Schülerinnen und Schüler überfordert – das verlangt ja schon Erwachsenen eine besondere Disziplin ab. Viele Kinder verstehen den Lernstoff besser, wenn im Unterrichtsgespräch die anderen Kinder Fragen stellen, wenn sie gemeinsam lachen und lernen, wenn sie das Idiom der Fremdsprachen hören, statt zu Hause allein die Vokabeln anzuschauen. Theaterstücke werden im Klassenverband mit verteilten Rollen gelesen; zu Hause werden sie nur mit den Augen überflogen.

Der Online-Unterricht per Video ist im Übrigen, abgesehen von seinen sonstigen Nachteilen, während der Schulschließungen derzeit noch eher die Ausnahme als die Regel. Eine Befragung von Eltern schulpflichtiger Kinder in der ersten Aprilhälfte hat ergeben, dass nur sieben Prozent der Kinder täglich Unterricht durch Lehrkräfte über Videotools hatten. Bei rund 80 Prozent war dies seltener als einmal pro Woche der Fall. An Grundschulen gab fast die Hälfte der Lehrkräfte an, mit weniger als der Hälfte der Schülerinnen und Schüler regelmäßig Kontakt zu haben.

Diese Befragungen sind zitiert in einer Studie von Ludger Wößmann im ifo-Schnelldienst von Juni 2020; sie handelt im Zusammenhang mit coronabedingten Schulschließungen von den «Folgekosten ausbleibenden Lernens». Die bildungsökonomische Forschung zeige, «dass jedes Schuljahr an zusätzlichem Lernen das Lebenseinkommen im Durchschnitt um zehn Prozent erhöht». Daraus wird gefolgert, dass, wenn ein Drittel des Schuljahrs an Lernen verloren geht, dies ein um drei bis vier Prozent geringeres Erwerbseinkommen zur Folge hat – auf das gesamte Berufsleben gerechnet. Ausbleibender Schulunterricht, so die Wößmann-Studie, schmälert «die Kompetenzentwicklung und den künftigen Arbeitsmarkterfolg dauerhaft». Die Studie konzentriert sich auf die wirtschaftlichen Auswirkungen von Schulschließungen. Die Folgekosten «aufgrund der Einschränkungen in der sozial-emotionalen Entwicklung der Kinder und Jugendlichen» kommen hinzu. Wenn der Schulweg und gemeinsame Pausenzeiten fehlen, wenn sich die Kinder nicht treffen – dann findet ein großer Teil sozialen Lernens nicht statt.

Bisher funktionierte das noch, weil die erste Hälfte des Schuljahrs unter normalen Bedingungen stattfand. So konnte man darauf aufbauen, dass man sich innerhalb der Klasse kannte, dass man weitgehend auch die Lehrkräfte kannte; es war aber bereits für Lehrer, die erst während des Halbjahrs eine Klasse übernahmen, höchst schwierig, mit den Kindern eine Lern-, Arbeits- und Vertrauensbeziehung herzustellen. Sich um die einzelnen Schülerinnen und Schüler mit ihren Befindlichkeiten, Defiziten, Schwächen, Stärken und Potenzialen zu kümmern, ist ohne persönlichen Kontakt nicht möglich.

Und Masken? Darf es sein, dass Fünftklässler, die jetzt auf eine neue Schule kommen, ihre Mitschülerinnen und Mitschüler, ihre Lehrerinnen und Lehrer nur mit halbem Gesicht kennenlernen – wie dies jetzt in einigen Bundesländern geschehen soll? Ich mag mir das nicht vorstellen. Masken bedeuten Pokerface, sie geben keine Information darüber, ob der andere wirklich verstanden hat, was ich meine, ob er mir gewogen ist, ob er was sagen will, wie es ihm geht. Lehrende und Lernende kommunizieren über den Gesichtsausdruck; sie sind auf die nonverbalen Kommunikationsformen angewiesen. Masken im Klassenzimmer, Masken im Unterricht bedeuten folgenschwere Kommunikationsreduktion. Was muss an den Schulen geschehen?

Um es kurz und bündig zu sagen: Der Schul-Shutdown ist eine einfallslose und schädliche Reaktion, der Gesichts-Shutdown im Unterricht auch. Es müssen stattdessen mehr Räume und mehr Pädagogen zur Verfügung stehen, auf dass kleinere Klassen gebildet werden können und die Kinder im Wechsel von Unterricht und Studierzeit unterrichtet und beaufsichtigt werden können. Kompetente Lehrkräfte sowie die nötigen Räume sind nicht von heute auf morgen zu beschaffen. Aber wenn es stimmt, dass wir mit der Pandemie werden leben müssen, dann muss man sich daranmachen, dafür zu sorgen. Es geht um Kreativität und Phantasie in Corona-Zeiten. Das Geld, mit dem die Corona-Folgen bekämpft werden sollen, ist in den Schulen wunderbar angelegt.

30. September 2020: Der neue Bußgeldwahn. Gastwirte als Hilfspolizisten? Zur Corona-Bekämpfung brauchen wir kein denunziatorisches Gesellschaftsmodell.[13] Corona-Bekämpfung ist eine ernsthafte Angelegenheit. Die deutsche Politik hat soeben einen Klamauk daraus gemacht, klage ich im SZ-Video: Künftig soll derjenige mindestens fünfzig Euro Bußgeld bezahlen, der den Meldezettel in der Kneipe, im Restaurant oder beim Friseur falsch ausfüllt. Das ist, mit Verlaub, albern. Das ist eine Vorlage für die Kabarett-Bühne, aber keine Grundlage für die Seuchenbekämpfung. Das ist, kurz gesagt, ein Schmarrn – oder auf Hochdeutsch: ein Unsinn.

Um so etwas durchzusetzen, müsste die Bundesrepublik in eine Polizeirepublik verwandelt werden. Dann dürfte man künftig eine Kneipe, ein Restaurant oder einen Friseur nur noch dann aufsuchen, wenn man seinen Personalausweis dabeihat.

Und dann müssten die Wirte und die Friseure berechtigt sein, den Ausweis zu kontrollieren und mit der Eintragung auf dem Gästebogen zu vergleichen. Dann hätte das Land auf einmal ein paar Hunderttausend Hilfspolizisten.

Und wie sollen die reagieren, wenn die Angaben auf dem Gästezettel falsch sind oder unvollständig? Sollen die Wirte und die Friseure den Zettel dann selber richtig ausfüllen? Sollen sie die Polizei rufen? Sollen sie das Bußgeld gleich selber kassieren? Eine Currywurst mit Pommes – 4 Euro 20, plus Bußgeld 50 Euro, macht 54 Euro 20.

Die Androhung von Sanktionen für ein Verhalten, das nicht kontrolliert werden kann, ist undurchdachter Aktivismus. Das schürt Hysterie. Das ist praktizierter Alarmismus. Das schafft Aufregung und Erregung. Das ist Angstmacherei. Das ist die Vorlage für ein denunziatorisches Gesellschaftsmodell. Das diskreditiert die Corona-Bekämpfung. Gewiss: Es ist nicht in Ordnung, wenn die Zettel falsch oder schlampig ausgefüllt werden. Aber nicht alles, was nicht in Ordnung ist, kann man als Ordnungswidrigkeit bestrafen. Verhältnismäßig sind nur Maßnahmen, die ohne unverhältnismäßigen Aufwand durchgesetzt werden können. Wenn man zur Durchsetzung dieser Bußgelder jeden Gastwirt zum Johnny Kontrolletti machen muss, ist das unverhältnismäßig.

Der Staat sollte lieber Sorge dafür tragen, dass mit den Meldezetteln nicht Schindluder getrieben wird, dass der Datenschutz gewahrt bleibt und die Zettel nicht dazu genutzt werden, eine Kundendatei aufzubauen oder Neugierde zu befriedigen. Wenn das einigermaßen gesichert ist, steigt auch die Bereitschaft, die Zettel richtig auszufüllen.

4. Oktober 2020: Rettet den Sonntag! Rettet ihn vor Corona, vor Laschet und vor halbseidenen Paragrafen. Armin Laschet, der CDU-Ministerpräsident von Nordrhein-Westfalen, und sein

CDU-Gesundheitsminister Karl-Josef Laumann haben die Sonntage vor und nach Weihnachten zu verkaufsoffenen Sonntagen erklärt; sie begründen das mit Corona und erklären die Ladenöffnung zu einer seuchenpolizeilichen Maßnahme. Das ist sehr unehrlich und ziemlich perfide, so schreibe ich im Newsletter.[14]

Es geht in Wahrheit um Wirtschaftsförderung, also um Zucker für den darbenden Einzelhandel. Das ist grundsätzlich gewiss nichts Schlechtes. Allerdings würde diese ehrliche Begründung gegen die Sonntagsruhe verstoßen, die das Bundesverfassungsgericht 2009 juristisch geheiligt hat (damals ging es gleichfalls um verkaufsoffene Adventssonntage, nämlich in Berlin). Deshalb legt die NRW-Regierung die Ladenöffnung an Rhein und Ruhr nicht im Ladenschlussgesetz, sondern in der Corona-Schutzverordnung fest – obwohl diese Corona-Schutzverordnung, wie das Oberverwaltungsgericht Münster dazu erstaunt und süffisant festgestellt hat, derzeit nur bis 31. Oktober gilt, also nicht mehr in der Adventszeit. Das Oberverwaltungsgericht hat – und das ist durchaus ungewöhnlich – schon einen Tag nach der Ankündigung durch die Landesregierung «erhebliche Zweifel» daran geäußert, dass die Neuregelung für Sonntagsöffnungen rechtmäßig ist. Das nicht unberechtigte Kalkül der christlich-liberalen Laschet-Regierung lautet freilich: Wenn wir in die Begründung für eine Maßnahme «Corona» schreiben, geht derzeit fast alles. Die Ladenöffnung, so die regierungsamtliche Begründung, stelle eine Maßnahme im Rahmen des Infektionsschutzes dar – weil die Ladenöffnung am Sonntag dazu führe, dass dann die Innenstädte an Werktagen nicht so voll seien und dadurch die Abstandsgebote besser eingehalten werden könnten.

Das Gedränge in den Fußgängerzonen an Samstagen solle «entzerrt» werden, sagt Gesundheitsminister Laumann. Das ist ein Argument wie von Schweinchen Schlau. Ob die Sonntagsöffnung zu einer Entzerrung führt? Dann sind halt die Innenstädte auch am Sonntag voll, weil das ja der Sinn der Sonntagsöffnungen ist. Und auf dass sie auch wirklich voll sind, wird man noch ein paar Sonntags-Events in die Innenstädte hineinstreuen. Die NRW-Regierung hat mit ihrer Corona-Begründung gewiss den Einzelhandel auf ihrer Seite und wohl auch den derzeitigen gesellschaftlichen Mainstream – aber nicht die Gerichte. Die Politik scheint in der letzten Zeit mit den Gerichten «Herr und Hund» spielen zu wollen. Sie wirft immer wieder Stöckchen, gibt Erlaubnisse für Ladenöffnungen, die dann von den Gerichten wieder zurückgeholt werden. Das Oberverwaltungsgericht Münster ist dieses Spiel offenbar leid und hat sich sogleich kritisch erklärt.

Das Bundesverfassungsgericht hatte 2009 in seinem Urteil zur Ladenöffnung an Adventssonntagen in Berlin unmissverständlich geurteilt: Das Sonntagsgebot beruhe auf einer historisch und verfassungsrechtlich fest abgesicherten Tradition. Anders gesagt: Es gibt ein Sonntags-Grundrecht, es gibt ein Grundrecht auf Achtung der Sonntagsruhe. Am Sonntag arbeiten? Das Karlsruher Urteil von 2009 war ein Urteil wider den wirtschaftsliberalen Zeitgeist und ein Urteil wider die Rundum-Ökonomisierung des Lebens. Das Urteil des Bundesverfassungsgerichts klang an manchen Stellen wie eine Paragrafenpredigt. Kritiker lasen es als einen juristischen Akt des christlichen Fundamentalismus. Das war sehr falsch. Fundamentalismus ist praktizierte Menschenfeindlichkeit. Das Sonntags-Urteil war und ist aber menschenfreundlich; es ist ein Akt des Gemeinsinns. Nur auf den ersten Blick ist es nicht sehr verbraucherfreundlich. Auf den zweiten Blick ist das anders; die Verbraucherfreundlichkeit eines offenen Sonntags würde bald bröckeln: Wer heute regelmäßig an Sonntagen einkaufen gehen kann, der wird morgen regelmäßig sonntags arbeiten müssen.

Nicht die Sonntagsruhe ist der Feind des Einzelhandels, sondern Amazon & Co und die Bequemlichkeit der Kunden, die ihre neue Hose lieber vom Sofa aus bestellen. Amazon hat die Gerichte beschäftigt mit dem Ansinnen, seine Angestellten an Sonntagen arbeiten zu lassen; man befürchte Lieferengpässe. Nein, sagte das OVG Münster auch hier, denn nur wenn ein Unternehmen unverschuldet in die Bredouille gerate, sei Sonntagsarbeit ausnahmsweise erlaubt. Die Sonntagsruhe erwies sich hier also als willkommener Schutz des Einzelhandels.

Die Verfassungsrichter haben 2009 den Schutz des Sonntags mit zwei anderen Verfassungsartikeln verbunden: mit dem Schutz der Arbeitnehmer und mit dem Schutz der Familie. Sie haben das Sonntags-Grundrecht nicht neu erfunden, sondern es nur gefunden, sie haben es wiederentdeckt. Das Sonntags-Grundrecht war schon bisher existent, aber nicht einmal die Autoren der Jura-Lehrbücher haben es noch geachtet. Es lag verstaubt und vergessen auf dem Spitzboden des Verfassungsrechts; es stand also dort, wo sich Preziosen von einst als Trödel und Gerümpel stapeln, bis sie der Enkel der Oma findet und bei Ebay als ‹Dachbodenfund› verkauft.

Beim Sonntags-Grundrecht handelt es sich tatsächlich um eine Antiquität, es mutet an wie das alte Katechismus-Sprüchlein «Der Sonntag ist der Tag des Herrn, am Sonntag ruh und bete gern». So haben es die Urgroßeltern im Religionsunterricht gelernt. Und als verstaubter Verfassungssatz liest es sich so: «Der Sonntag und die staatlich anerkannten Feiertage bleiben als Tage der Arbeitsruhe und der seelischen Erhebung rechtlich geschützt.» Das steht eigentlich nicht direkt so im Grundgesetz, sondern im Artikel 139 der Weimarer Reichsverfassung von 1919. Dieser nun gut hundert Jahre alte Verfassungssatz ist freilich nicht mit der Weimarer Republik untergegangen, sondern durch Artikel 140 des Grundgesetzes dessen Bestandteil geworden. Außer den Kirchen und den Gewerkschaften weiß das kaum noch jemand. Die Verfassungsrichter haben 2009 diese Preziose nun nicht nur vom Dachboden geholt und entstaubt, sie haben sie poliert – und dann glänzend neu aufgestellt: nicht als Klimbim, sondern als Recht auf einen ruhigen Sonntag für jeden.

Es ergibt sich aus diesem Verfassungsartikel, so das höchste Gericht, nicht nur eine allgemein-unverbindliche Pflicht des Staates, den Sonntag zu achten. Es ergibt sich daraus ein Recht der Kirchen, der Gläubigen, der Arbeitnehmerinnen und Arbeitnehmer, der Familien und der Gewerkschaften, geschützt zu bleiben vor «ausufernden Ausnahmen» von der Sonntagsruhe. Das Berliner Gesetz, das an allen vier Adventssonntagen vor Weihnachten die Ladenöffnung erlaubte, wurde von Karlsruhe für verfassungswidrig erklärt, weil so der Ausnahmecharakter der Ladenöffnung am Sonntag nicht mehr deutlich werde: Das hektische Treiben, so die Richter, erfasse ja nicht nur die Läden selbst, sondern präge das ganze Straßenbild, so dass vier Wochen lang rund um die Uhr Alltag herrsche. Ladenöffnungen soll es nur an einzelnen Sonntagen geben dürfen, aber nicht an vielen Sonntagen hintereinander. Die Richter haben den Ländern dafür eine Formel an die Hand gegeben, sie lautet: werktags fast immer, gegebenenfalls auch rund um die Uhr, sonntags nur ganz ausnahmsweise. Rechtfertigt Corona, so lautet die Frage heute, ausnahmsweise eine solche Ausnahme?

Es mag für manche rührend altmodisch klingen, richtig ist es trotzdem: Der Sonntag ist dadurch Sonntag, dass er anders ist als andere Tage. Es geht nicht nur um Tradition, um Religion und um eine soziale Errungenschaft. Es geht um die große gemeinsame Pause, um die Grundtaktung des Lebens. Natürlich darf es Ausnahmen von der Sonntagsruhe geben, die hat es auch immer gegeben, auch die Sonntagsarbeit für bestimmte Berufsgruppen. Aber wenn aus der Ausnahme die Regel wird, ist das schädlich. Das legitimierte Innehalten, das die gesetzliche Sonntagsruhe mit sich bringt, tut den Leuten gut. Das höchste Gericht hat daher einem Jeden das Recht auf einen ruhigen Sonntag gegeben. Man muss ihn nicht in Anspruch nehmen. Jeder kann damit machen, was er will. Aber es ist gut, dass es ihn gibt. Wenn es ihn nicht mehr gäbe, bräuchte man wohl sehr viel mehr Therapeuten – weil Unrast krank macht.

Die Regierung in Nordrhein-Westfalen ist eine Wiederholungstäterin. Sie hat schon einmal, im März 2018, im Landtag Gesetze durchgesetzt, die sie ein «Entfesselungspaket» nannte. Kern der Gesetze mit diesem Blödnamen war die «Entfesselung» des Sonntags. Der Sonntag sollte von seinen angeblichen Fesseln befreit werden. Gemeint war die Sonntagsruhe, gemeint waren die geschlossenen Geschäfte. Das Gesetz öffnete die Geschäfte in Nordrhein-Westfalen an acht Sonntagen; die Zahl der verkaufsoffenen Sonntage verdoppelte sich damit. Das war das Ergebnis eines Geschäfts, das die CDU mit ihrem Koalitionspartner FDP gemacht hat. Die Kirchen hatten vergeblich zusammen mit den Gewerkschaften den Sonntag und die Sonntagsruhe verteidigt.

Wenn es um das Regieren mit der FDP geht, gibt der CDU-Ministerpräsident Armin Laschet keine Ruhe. Dann wird jeder Tag Werktag. Es geht um die Rettung des Sonntags. Es geht dabei nicht nur um Tradition und Religion. Die Kirchen wollen ihn als den Tag der religiösen Erhebung, die Gewerkschaften als soziale Einrichtung erhalten. Der Sonntag ist aber mehr; er ist nicht nur der freie Tag für den Einzelnen. Wäre er nur dies, dann wäre es egal, wer an welchem Tag seinen Sonntag hat; es wäre egal, ob man am Dienstag oder Donnerstag seinen Sonntag feiert. Der Sonntag, das macht ihn so wichtig und so unersetzlich, ist auch ein Tag der Synchronisation der Gesellschaft. Wird daraus ein individuell gleitender Tag, dann ist jeder Tag Werktag. Dann verschwindet ein Fixpunkt der Woche.

«Der Sonntag und die staatlich anerkannten Feiertage bleiben als Tage der Arbeitsruhe und der seelischen Erhebung rechtlich geschützt.» Das ist das geltende Verfassungsprinzip. Man kann und darf es nicht auf den Müll werfen – auch wenn heute, mehr als hundert Jahre nach seiner Formulierung, der Satz von der «seelischen Erhebung» ein wenig altbacken klingt. Er ist es nicht.

11. Oktober 2020: Streiken in Corona-Zeiten – eine Unverschämtheit? Darf man das? Ist das Leben mit Corona nicht schon so schwer genug? Dürfen die Bus-, die U-Bahn- und die Straßenbahnfahrerinnen und -fahrer den Leuten das Leben noch schwerer machen, als es ohnehin schon ist? Darf die Kita, die eben wieder geöffnet hat, wegen Streik schon wieder zusperren?[15]

Deutschland könnte in die schwerste Rezession der Nachkriegsgeschichte rutschen, den Städten und Gemeinden brechen die Steuereinnahmen weg, das ganze Land ächzt unter den Folgen der Corona-Bekämpfungsmaßnahmen – «und den Gewerkschaften fällt nichts Besseres ein, als die Beschäftigten in den Arbeitskampf zu schicken». So formuliert es das *Handelsblatt*, um dann die erwartbare Frage zu stellen, ob das nicht unverhältnismäßig und unverschämt sei. Aber das *Handelsblatt* beantwortet die Frage dann unerwartet – mit Nein. Das sei ganz und gar nicht unverschämt. Denn: Das Streikrecht gehört nun einmal zu den Grundrechten, «von denen schon genug durch die Viruspandemie eingeschränkt sind». Die kommunalen Arbeitgeber hatten eine Verschiebung der Tarifrunde abgelehnt «und darauf spekuliert, dass Verdi und Co coronabedingt nicht kampfbereit sind. Niemand sollte sich deshalb wundern, wenn die Gewerkschaften jetzt das Gegenteil beweisen wollen», schreibt das *Handelsblatt*.

Es streiken jetzt diejenigen, die als Corona-Helden gefeiert wurden – und die sich vom bloßen Beifall auf den Balkonen, vom öffentlichen Getätschel und vom politischen Gelobe nichts kaufen können. Deshalb werden die Warnstreiks der vergangenen Woche gewiss nicht die letzten gewesen sein. Ein Streik stört.

Das ist auch der Sinn eines Streiks. Aber die Deutschen streiken, anders als etwa die Franzosen, eigentlich nicht so gern. Der deutschfranzösische Kabarettist Emmanuel Peterfalvi hat sich in der Rolle des TV-Reporters Alfons, der mit einem monströsen Püschel-Mikrofon durch die Sendungen läuft, darüber lustig gemacht: «In Deutschland wollt ihr einen Streik haben, der nicht stört. Deshalb hat der Deutsche den Warnstreik erfunden. Du streikst zwei, höchstens drei Stunden – und dann schnell wieder zur Arbeit. Drei Stunden bei uns in Frankreich die Arbeit niederlegen, das heißt bei uns Mittagspause.» Das klingt lustig. Aber ganz so läppisch sind die Warnstreiks im öffentlichen Dienst nicht. Die Streikenden ziehen Zorn auf sich; aber den Zorn können «Corona-Helden» besser aushalten als die Kollegen, die nicht in den Heldenberufen arbeiten. Und sie können sich sagen, dass sie nicht nur für sich und für ihre Gehaltserhöhung streiken, sondern auch für das Streikrecht als solches.

Eine Pandemie darf keine gewerkschaftsreduzierte und arbeitsrechtlich verdünnte Zeit sein. Gerade in diesen Pandemie-Zeiten ist daher die Arbeit der Gewerkschaften besonders notwendig – weil, zum Beispiel, für akzeptable Bedingungen in der Kurzarbeit gekämpft werden muss; weil, zum Beispiel, die Sorge um den Arbeitsschutz noch wichtiger ist als sonst. Und im Übrigen: Die Arbeitgeber verzichten ja der Pandemie wegen nicht auf Betriebsverlagerungen und Entlassungen, im Gegenteil. Also muss eine Gewerkschaft ihre Kraft, auch ihre Kampfkraft, dagegensetzen können. Also braucht es gegebenenfalls auch Demonstrationen, also braucht es gegebenenfalls auch Streiks. Es darf keinen Corona-Mechanismus geben, auch nicht im Arbeitsrecht. Es darf nicht sein, dass arbeitnehmerfeindliche Maßnahmen, die sonst schwierig durchzusetzen wären, mit der Begründung «Corona» nun auf einmal ziemlich leicht durchgesetzt werden können. Corona darf die Mitbestimmungsrechte der Arbeitnehmerinnen und Arbeitnehmer nicht an- und auffressen.

Die Jubiläumsfeiern für diese Mitbestimmungsrechte sind Corona schon zum Opfer gefallen: Die deutsche Betriebsverfassung, in der diese Mitbestimmungsrechte formuliert sind, ist nämlich zu Beginn der Corona-Krise hundert Jahre alt geworden. Das war, das ist eigentlich ein Grund zum Feiern: Die betriebliche Mitbestimmung ist ein Kernstück der sozialen Marktwirtschaft. In einem Fachmagazin für das Personalwesen habe ich dazu einen Aufsatz gelesen mit der Überschrift: «100 Jahre Betriebsverfassung, alt aber rüstig». Alt aber rüstig! Das sollte ein Lob sein. Rüstig? Das ist ein Wort, das man üblicherweise in den Lokalzeitungen findet – im Text zu Bildern, auf denen der Bürgermeister einem Jubilar im Altersheim einen Geschenkkorb überreicht. Rüstig reicht nicht. «Rüstig» klingt nach Krückstock und Gehhilfe. Mit einem Betriebsverfassungsgesetz, das nur «rüstig» ist, bleiben Digitalisierung, Matrixstrukturen und Crowdworking legislative Fremdwörter. Weil sie aber zur Arbeitsrealität von heute gehören, muss ein Betriebsverfassungsgesetz sich ihnen stellen.

Das verlangt mehr als Rüstigkeit. Das verlangt grundlegende Änderungen, nennen wir sie Updates. Das BGB und das StGB, beide sind noch älter als das Betriebsverfassungsgesetz, sind x-mal upgedated worden. Solche Updates braucht das Betriebsverfassungsrecht auch. «Zoom» ist kein echter Ersatz. Ein kleines Update gab es schon – coronabedingt. Um die Handlungsfähigkeit des Betriebsrats auch in Zeiten der Kontaktbeschränkungen zu sichern, wurden virtuelle Sitzungen und Versammlungen erlaubt. Auch Betriebsversammlungen dürfen jetzt digital durchgeführt werden. Die Möglichkeit virtueller Sitzungen ist zunächst befristet bis zum 31. Dezember 2020. Man wird sich überlegen müssen, ob dies zeitlich verlängert oder sogar unbefristet erlaubt wird. Ein komplettes Zurückdrehen der digitalen Betriebsratsarbeit wird wohl kaum möglich sein. Die vollständige Digitalisierung der Gremienarbeit aber wohl auch nicht. «Teams» und

«Zoom» und Videokonferenzen werden im Moment gefeiert. «Endlich!», sagen viele, «endlich kommen die Leute darauf, dass man Verhandlungen auch via Bildschirm führen kann.»

Aber je länger der Ausnahmezustand währt, umso mehr wird auch spürbar, dass diese Art der Diskussion kein Ersatz ist, sondern ein Behelf. Videokonferenzen sind keine wirkliche Begegnung. Zur Begegnung gehört das Nebengespräch mit dem Nachbarn, die Verständigung über Blicke und Gesten, das informelle Gespräch in der Pause. Deshalb: So viel Präsenz wie möglich, so viel digital wie unbedingt nötig. Verglichen mit anderen Problemen, die sich in der digitalisierten und globalisierten Arbeitswelt stellen, ist die Frage, ob und wann und wie virtuelle Sitzungen per «Zoom» und «Skype» möglich sind, aber eine Petitesse. Die große Frage, die noch virulent sein wird, wenn die Corona-Krise vorbei ist, lautet so: Wie modernisiert man das Betriebsverfassungssystem, wie modernisiert man die Mitbestimmungs-Demokratie, wie macht man sie tauglich für globalisierte und digitalisierte Zeiten?

Das geltende Recht orientiert sich immer noch am Industriebetrieb mit Werkhalle und Stechuhr, in dem alle den gleichen Arbeitgeber haben. Aber das ist keine rundum zutreffende Beschreibung mehr. Die Digitalisierung verändert alles, sie verändert den gesamten Wertschöpfungsprozess, sie verändert die Erfindung und die Entwicklung, das Marketing, den Einkauf, die Produktion und den Vertrieb, den Verkauf und die Entsorgung. Arbeitsverhältnisse werden völlig neu organisiert, Erwerbsarbeit findet immer häufiger außerhalb eines Betriebes statt. Immer mehr Aufgaben werden an Leiharbeitsfirmen und rechtlich Selbstständige ausgelagert, die Grenzen zwischen dem Arbeitnehmer- und dem Selbstständigen-Status werden fließend. In der bisherigen Welt der Gewerkschaften bleibt so kaum ein Stein auf dem anderen.

Die Digitalisierung braucht einen Betriebsrat. Wenn die

fahrerlose Mobilität kommt, werden Taxi- und Busfahrer, Lieferanten, Lkw- und Gabelstaplerfahrer ihre Arbeit verlieren. Im Bereich der Dienstleistung wird künstliche Intelligenz massenhaft die Arbeit von Büroangestellten übernehmen. Heute arbeitet ein Entwickler in Hannover, Flensburg, Frankfurt oder Forchheim mit einem Kollegen in Dubai oder Mumbai zusammen an einem Projekt, sie schalten sich per Videokonferenz zusammen. Wie regelt man deren Arbeit auf verträgliche Weise? Bei der weltweit internetbasierten Arbeit vermengen sich Arbeitszeit und Freizeit. In Frankreich wurde deshalb eine Offline-Zeit eingeführt – da muss der Mitarbeiter irgendwann mal einfach vom Netz genommen werden.

Es müssen gesetzliche Leitplanken her für eine räumlich, zeitlich und funktional entgrenzte Arbeitswelt. Der Würzburger Arbeitsrechtsanwalt Bernd Spengler hat zum sogenannten «agilen Arbeiten» in einem Interview mit der *Main-Post* erklärt: «Agiles Arbeiten ist nicht nur, dass zusammengewürfelte Gruppen gemeinsam Projekte steuern und dem Unternehmen völlig egal ist, wann die arbeiten – Hauptsache sie werden fertig. Das geht weiter. Warum soll der Unternehmer künftig noch ein festes Gehalt zahlen? Erste Unternehmensberater schlagen vor: Zahlt allen zusammen einmal im Jahr die Summe X – dann sollen die Menschen sich selbst einschätzen, wie viel sie aus dem Pott kriegen. Das hat mit betrieblicher Lohngestaltung nicht mehr viel zu tun. Da muss man gesetzlich Grenzen ziehen.»

Grenzen ziehen. Mit EU-Richtlinien die neue Arbeitswelt gestalten. Das erinnert an den berühmten Satz im Roman «Der Leopard» von Giuseppe Tomasi di Lampedusa. Der alte Fürst macht da seinem Neffen Tancredi Vorhaltungen, weil der sich für die neue Sache, für das demokratische Italien, engagiert. Und Tancredi antwortet mit einem Satz, der legendär wurde: «Alles muss sich ändern, damit alles bleibt, wie es ist.»

18. Oktober 2020: Fürchtet euch nicht? Die Vorbereitungen auf die sehr stille Nacht des Jahres 2020.[16] So früh Weihnachten war nie. Es sind noch sechs Wochen bis zum ersten Advent und noch neuneinhalb Wochen bis zum Heiligen Abend. Aber Weihnachten ist schon da – in der Politik, in den Betrieben, in den Ordnungsämtern, in den Gesundheitsämtern natürlich auch. Überall geht es um Weihnachten. Weihnachten war diesmal schon da, als die Lebkuchen und die Schoko-Nikoläuse, wie immer sehr früh, in die Regale der Supermärkte geräumt wurden.

Es ist nicht die große Vorfreude, die Weihnachten schon im Oktober zum Thema macht – es ist die große Vorfurcht. Weihnachten wird von Corona zum Hotspot-Fest gemacht und von den Corona-Bekämpfern zum Hotspot-Fest erklärt. Weihnachten ist das Thema in den Corona-Konferenzen bei der Bundeskanzlerin, es ist das Thema in den Corona-Sitzungen der Stadtverwaltungen. Es ist das Thema in den Ordnungsämtern, weil dort die Fragezeichen hinter dem Wort und vor dem Ort «Weihnachtsmarkt» immer größer gemalt werden. Dreitausend Weihnachtsmärkte gibt es in Deutschland; der größte dieser Märkte, der Nürnberger Christkindlesmarkt, zieht jährlich zwei Millionen Besucherinnen und Besucher an. Muss er wie das Oktoberfest in München behandelt werden?

Weihnachten ist das Thema in den Betrieben, weil dort die Weihnachtsfeiern abgesagt werden. Weihnachten ist das Thema bei den christlichen Kirchen, es ist das Thema in den Sitzungen der Pfarrgemeinden. Wo sollen die Gottesdienste in der Christnacht gefeiert werden: in den Gotteshäusern auf Distanz und mit ganz wenigen Leuten? Oder vor dem Kirchengebäude in der Kälte? Oder im Stadtpark, in Scheunen und Lagerhallen, in Turnhallen vielleicht, im Autokino oder am Baggersee? Irgendwie verteilt auf alle möglichen Lokalitäten und Plätze? Wie schafft man Weihnachtsnähe – trotz Abstand?

Wie schauen die Krippenspiele im Corona-Jahr aus: klassisch, mit Herbergssuche? Und mit einem Wirt, der Maria und Josef herrisch abweist und dabei womöglich einen weißblaurautierten Mund-Nasen-Schutz trägt? Muss man vielleicht sogar in diesem Jahr das weihnachtliche Lukas-Evangelium ein wenig redigieren, damit es nicht Gelächter gibt bei dem Satz «weil in der Herberge kein Platz für sie war»?

Wie also feiert man Weihnachten in Corona-Zeiten? Viel Open-Air? Müssen die Nikoläuse und Weihnachtsmänner unter ihrem falschen Bart einen Mundschutz tragen? Das ist wohl von allen Corona-Problemen das kleinste. Aber: Die Nikoläuse, die von Familie zu Familie gehen, werden von den Ordnungsämtern zur Risikogruppe gezählt werden. Wie viel Distanz braucht, wie viel Distanz verträgt Weihnachten? Womöglich wird Weihnachten zum Fest und zum Anlass, an dem das bisher allgemeine und große Verständnis selbst für unsinnige Corona-Bekämpfungsmaßnahmen endet? Das inflationäre Aussprechen von Reisewarnungen gehört dazu; und der Wirrwarr von Geboten und Verboten, die sich kaum noch jemand merken kann und die sich jede Woche ändern.

Der Lockdown an Ostern ist noch nicht verdaut. Soll er sich, wird er sich an Weihnachten wiederholen? Wie still wird die Stille Nacht im Jahr 2020? In den Kirchen darf, wie es aussieht, nicht gesungen werden, nicht eine Strophe, auch nicht mit Mundschutz. Der Gesang kommt allenfalls vom Chor, und auch der wird in kleine Gruppen zerlegt werden, die dann abwechselnd Choräle singen. Ansonsten wird man auf Instrumentalmusik setzen, drinnen wie draußen.

Gleichwohl: Die Kirchen sind, wie es aussieht, besser vorbereitet als damals, an Ostern. Bischöfe schreiben Ermutigungsbriefe. Großstadtpfarreien wollen kurze Gottesdienste im Stundentakt abhalten; «Durchlauferhitzer» wird das Konzept genannt. Andere Pfarreien denken über Advents- und Weihnachtsprozessionen nach und über Straßenandachten. Viele Kirchengemeinden fühlen sich befreit davon, business as usual machen zu müssen. Das ist zum Teil der Lerneffekt aus den vergangenen Monaten. Das ist aber auch, so sagen es Pfarrer und engagierte Laien, die Kraft, die aus dem Fest selbst und seinem theologischen Kern entspringt: dass es um Suche nach Herberge geht, um Bedrohtsein, Furcht und prekäre Existenz. Gottesdienst unter freiem Himmel sei da so etwas wie back to the roots. Vielleicht war Weihnachten den gläubigen Christinnen und Christen nie näher.

Ja, in der Tat: Die Kirchen sind, wie es aussieht, besser vorbereitet als damals an Ostern. Die Politik ist es nicht. Sie hat die Erfahrungen aus dem Lockdown vom Frühjahr nicht richtig verarbeitet und nicht richtig ausgewertet, sie operiert weiter mit dem Instrumentarium von damals, mit Verboten, Betriebsbeschränkungen, Kontakt- und Versammlungsbeschränkungen; der Gesetzgeber ist ziemlich stumm geblieben, er hat es versäumt, für Generallinien bei der Bekämpfung des Virus zu sorgen. Die Exekutive, also Regierung und Verwaltung, bestimmt alles: Die grundrechtseinschränkenden Rechtsverordnungen werden multipliziert; die Grundfrage lautet, «wer im Rechtsstaat welche Entscheidungen mit welchen Wirkungen gegenüber den Bürgern zu treffen befugt ist, und wie diese Entscheidungen demokratisch legitimiert und verantwortet werden müssen», so Uwe Volkmann, Professor für Öffentliches Recht und Rechtsphilosophie an der Universität Frankfurt am Main.

Diese Frage wird nicht gestellt, nicht beantwortet und durch föderalen Wettbewerbsaktionismus ersetzt. Das ist nicht gut. Eine rechtsstaatliche Vorgehensweise wird durch Corona-Psychologie ersetzt. Möglichst scharfe Maßnahmen in der Vorweihnachtszeit – auf dass die Schärfe dann zu Weihnachten, quasi als Merkel-Söder-Weihnachtsgeschenk, wieder etwas gelockert werden kann.

Vor zweitausend Jahren waren, wie die Weihnachtslegende sagt, Hirten auf dem Feld. Da geschahen plötzlich höchst bedrohliche Dinge. Deshalb heißt es in der Geschichte: «Und sie fürchteten sich sehr.» Diese Angst der Hirten wird an Weihnachten üblicherweise wenig beachtet. Das wird in diesem Jahr anders sein. Und wir werden, begieriger als sonst, fragen, was es bedeutet, wenn der Engel kommt und sagt: «Fürchtet euch nicht.» Es schadet nichts, wenn wir über diese Weihnachtsfrage schon im Oktober nachdenken.

14. November 2020: Veni. Vidi. Virus.[17] Der Deutsche Bundestag hat am 25. März 2020 den Löffel abgegeben. Damals hat er die «epidemische Lage von nationaler Tragweite» festgestellt. Diese Feststellung war richtig, aber die damit verbundene freiwillige Selbstentmachtung war falsch, gefährlich und anhaltend schädlich. Der Bundestag hat sich selbst aus dem politischen Spiel genommen; er hat die Corona-Bekämpfungspolitik pauschal und radikal an die Exekutive übertragen – also an die Bundeskanzlerin, die Ministerpräsidentinnen und Ministerpräsidenten, die Ministerinnen und Minister und die ihnen nachgeordneten Behörden. In der parlamentarischen Demokratie gibt es eine Gestaltungspflicht des Gesetzgebers. Der Bundestag hat sich in der Corona-Politik dieser Aufgabe entzogen; er hat seine Pflicht verraten; er hat erlaubt, was das Bundesverfassungsgericht verboten hat: dass in bloßen Rechtsverordnungen der Verwaltung «originär politischer Gestaltungswille der Exekutive zum Ausdruck» kommt.

Der Bundestag hat in einer Schicksalszeit von Staat und Gesellschaft auf intensive Diskussionen zu Covid-19 verzichtet; er hat es zugelassen, dass parlamentarische Beratungen und Abstimmungen ersetzt wurden durch Ministerpräsidentenrunden. Mit begründungslosen Verordnungen hat dann die Verwaltung die Versammlungs- und Religionsfreiheit aufgehoben, die Freizügigkeit abgeschaltet, gewerbliche Tätigkeiten massiv beeinträchtigt, das Recht auf Bildung und Erziehung verdünnt; alte und behinderte Menschen wurden nur noch unzureichend versorgt. Die Beachtung des Verhältnismäßigkeitsprinzips bei all diesen Maßnahmen hat die Exekutive an die Gerichte ausgelagert.

Nun ist nicht gesagt, dass vom Parlament generell ganz andere Entscheidungen zur Corona-Bekämpfung getroffen worden wären, als diese von Merkel, Söder, Laschet und Co getroffen worden sind; wahrscheinlich wären die Grundrechtseinschränkungen zum Teil ähnlich ausgefallen; womöglich wäre aber dem Land in einem ordentlichen demokratischen Diskussionsprozess einiger Unsinn erspart geblieben, die Beherbergungsverbote zum Beispiel. Aber vor allem: Die Prozesse des Aushandelns wären insgesamt viel transparenter und intensiver gewesen. Und: Es hätte die Chance gegeben, Kritik, Skepsis und Empörung parlamentarisch einzubinden und zu verarbeiten. Ein Parlament hat nicht nur legislative, sondern auch politpädagogische Aufgaben: Es kann, es soll die Bürgerinnen und Bürger mitnehmen in den Versuch der Lösung der Probleme. Man kann nun das Versäumte nicht nachholen wie eine verpasste Deutscharbeit. Das Parlament hat die Demokratie beschädigt, weil es dem Volk zu verstehen gab, dass es zu schwach ist für Entscheidungen in Krisenzeiten. Dieser Eindruck lässt sich nicht im Nachhinein schließen wie eine Gesetzeslücke.

Die Stunde der Not sei nun einmal nicht die Stunde der Legislative, sondern die der Exekutive, heißt es zur Erklärung, zur Rechtfertigung und Entschuldigung des parlamentarischen Shutdowns. Das mag sein. Aber diese Stunde dauert nun schon acht Monate. Es gab und gibt eine unzuträgliche «Verlagerung der Gesetzgebungsmacht auf die Exekutive»: Sechs Professoren des Staatsrechts (von den Universitäten Berlin, Frankfurt, Göttingen, Münster und Regensburg) haben das in einem Aufsatz in der *Juristenzeitung* unter dem Titel «Why Constitution Matters» beklagt. Man hätte nach Monaten der Pandemie erwarten können, dass der Bundestag die Probleme anpackt und die Re-Parlamentarisierung der Corona-Bekämpfung einleitet. Er tut es nicht. Dem Parlament liegt zwar am nächsten Mittwoch der Entwurf eines dritten Bevölkerungsschutzgesetzes zur Verabschiedung vor. Dieses Gesetz leistet aber nicht, was es leisten müsste. «Es bleibt so verfassungswidrig, wie es ist», konstatiert der Regensburger Staats- und Gesundheitsrechtler Thorsten Kingreen; und er weist darauf hin, dass der Gesetzgeber grundrechtswesentliche Fragen selbst regeln und beschließen muss. Die Kritik ist schwerwiegend und nicht so lustig wie der Titel eines neuen Büchleins mit Corona-Cartoons: Veni, Vidi, Virus!

Das geplante Recht listet zwar in einem neuen Paragrafen 28a Infektionsschutzgesetz insgesamt 15 Maßnahmen auf, die bisher nur in Verwaltungsverordnungen dekretiert worden sind – also Ausgangs- und Kontaktbeschränkungen, Abstandsgebote, Maskenpflicht, Untersagung von Kultur- und Sportveranstaltungen, Betriebs- und Gewerbeuntersagungen bis hin zu Reisebeschränkungen; auch die «Untersagung von Übernachtungsangeboten» ist dort aufgezählt. Bislang hatte im Gesetz nur gestanden, dass «die zuständige Behörde die notwendigen Schutzmaßnahmen» trifft. Diese notwendigen Maßnahmen sind nun also beispielhaft (nicht abschließend) genannt. Die Voraussetzungen für diese Maßnahmen bleiben aber vage – und es bleibt auch bei den bisherigen Exklusivkompetenzen der Verwaltung.

Die coronale Verzwergung des Parlaments wird nicht beendet. Es ist makaber: Im Verteidigungsfall, dann also, wenn Deutschland militärisch angegriffen wird, hat das Parlament nach den berüchtigten Notstandsgesetzen mehr Rechte als heute nach den Pandemie-Regeln. Der Bundestag muss das Heft des Handelns wieder selbstbewusst in die Hand nehmen.

12. Dezember 2020, vor dem zweiten Lockdown – vom Singen nach Redaktionsschluss und anderen Weihnachts-Traditionen, die in diesem Jahr pausieren.[18] Es gibt unendlich viele Weihnachtsbücher mit Weihnachtsgeschichten und Weihnachtsliedern, viele schön kitschig, manche schön bissig. Es gibt prächtige Bildbände mit Krippen aus aller Welt, wahre Kostbarkeiten, die man mit Andacht in die Hand nimmt, so wie ganz alten Weihnachtsschmuck. Da sieht man nicht nur die klassischen Krippen aus Südtirol und aus Oberammergau, da sieht man die neapolitanischen Krippen, in denen Janitscharenkapellen spielen; da sieht man Krippen, in denen der König Herodes und die Königin von Saba ihren Auftritt haben. Sizilien, Mallorca und Malta, so lernt man da, sind wahre Krippeninseln; in diesen Krippen überschlägt sich die Phantasie; und die ist nicht immer frei von Vorurteilen und von rassistischen Klischees. Aber sie ist schön ausgepolstert mit Krippengras und Moos. Es gibt auch Micky-Maus-Krippen und Donald-Duck-Krippen, da blättere ich schnell weiter.

Zu lernen ist aus den Bildbänden, in wie vielen Variationen es das Christkind gibt: in allen Farben, in allen Schattierungen. Und: Es ist eine heile Welt, die dort aufgestellt ist, in die das Unheil nicht hineinkommt. Die Apokalypse bleibt draußen. In der Kunstgeschichte ist es ebenso: Es gibt nur wenige Bilder, auf denen der Schrecken auch in den Stall von Bethlehem reicht. Das für mich eindrucksvollste dieser Bilder hat Botticelli gemalt. Es zeigt zwar alles, was zur klassischen Krippenszenerie gehört; er gruppiert in seiner «mystischen Geburt» die Engel und die Menschen kunstvoll zu einem großen Bild des Friedens. Wer aber genauer hinschaut, entdeckt, dass diese Szenerie «dem dämonischen Schrecken abgerungen ist» (wie dies der Grazer Kirchenhistoriker Johannes Rauchenberger formuliert hat). Auf dem Boden im Vordergrund finden sich kleine teuflische Wesen, winden sich die Ausgeburten des Bösen, manche schon erschlagen, aber durchaus nicht alle. Das Böse ist da, auch in der heilen Welt. Botticelli hat die Wirren seiner Zeit mit ins Weihnachtsbild gesetzt. Oberitalien lag um 1500 im Chaos.

Es ist schade, dass die Ikonografie die dämonischen Wesen nicht auch zu Krippenfiguren gemacht hat; es ist schade, dass nur die Hirten, nicht aber auch die Dämonen am Feuer sitzen. So ist es nämlich in der Realität – am Feuer der jeweiligen frohen Botschaft wärmen sich auch die Fundamentalisten jeder Religion. Sie sind es, die ihren Anhängern die Welt als wohlgeordnetes Ganzes präsentieren, in dem jeder nur am vorgegebenen Platz stehen muss, auf dass alles stimmt. Der Fundamentalismus inszeniert die Welt als heimatliche Idylle, die er gegebenenfalls gewaltsam herstellt. Er nutzt die menschliche Sehnsucht nach Geborgenheit und Sicherheit.

Im Corona-Jahr ist diese Sehnsucht besonders groß. Die Angst vor dem Virus hat zwar in den allermeisten Krippen keine Figur, in der sie zum Ausdruck kommt. Nur im Museum «Religio» in Telgte, das für seine Krippenausstellungen bekannt ist, sind, digital jetzt, mehrere Krippen zu sehen, in denen das Virus Platz hat. Da gibt es Krippen, die Corona ironisch verarbeiten, wie die, in der die Heiligen Drei Könige mit Mundschutz kommen und Desinfektionsmittel, Kartoffeln und Klopapier bringen; und da gibt es nachdenklich machende Krippen wie die von Franz-Josef Hartmeyer, der das krakenartige Coronavirus-Modell selbst zur Krippe macht. Das Christkind liegt im Innern des Virus. Aber der Lockdown rückt auch den klassischen Krippen ganz nahe. Sie und der Weihnachtsbaum sind wohl das Einzige, was vom gewohnten Fest übrigbleibt. Selbst das Singen, das gemeinsame Singen, das zu Weihnachten so gehört wie die Krippe und der Baum, ist suspekt geworden. Es ist nicht rundweg verboten, aber bemakelt – es gilt als gefährlich, jedenfalls wenn viele singen, in und vor den Kirchen zum Beispiel. Die Angst vor dem Singen ist so groß, dass am

Heiligabend nicht einmal auf Abstand und mit Mundschutz gesungen werden soll.

Mit Wehmut habe ich deshalb aus meiner Weihnachtskiste ein Buch ausgepackt, das mir von allen Weihnachtsbüchern das liebste ist. Es macht äußerlich gar nichts her. Es ist auch eigentlich gar kein Buch; es handelt sich um zusammenkopierte, gelochte Blätter mit Weihnachtsliedern in einer Plastikmappe. Der Titel «Wer klopfet an?» Aber der Untertitel zeugt durchaus von einem gewissen Anspruch: «Weihnachtsliederbuch der SZ-Innenpolitik» – darin versammelt 46 Weihnachtslieder, eingeteilt in die Kapitel «Pflicht» und «Kür». Die Pflicht-Lieder beginnen mit der Nummer 1 «Herbei o ihr Gläubigen» (gesungen wurde es auf Lateinisch, also «Adeste, fideles») und sie enden mit Nummer 39 «Stille Nacht»; die Kür beginnt mit Nummer 40 «Singet frisch und wohlgemut» und endet mit Nummer 46 «The first Nowell».

So lange ich denken kann, wurden und werden die Lieder auf dem Klavier von Hermann Unterstöger, dem wunderbaren Streiflicht-Redakteur, begleitet. Das Klavier stand im Büro des Ressortchefs der Innenpolitik; das war schon so, als ich vor 33 Jahren in dieser Redaktion ankam. Und gespielt wurde darauf eigentlich nur an Weihnachten, genauer gesagt am letzten Arbeitstag vor Weihnachten, nach Redaktionsschluss, ab 17 Uhr, wenn die Zeitung einigermaßen «fertig» war und die Kolleginnen und Kollegen der Innenpolitik zum traditionellen Weihnachtssingen und zum Würstlessen (in der Pause zwischen Pflicht und Kür) zusammenkamen. In diesem Jahr pausiert die Tradition.

Das Klavier überlebte den Umzug von der Sendlinger Straße in den SZ-Turm an der Hultschiner Straße; aber dann war es, wie die Fachleute sagten, «ausgestimmt» und wurde zum weihnachtlichen Singen von einem Keyboard ersetzt. Der in Redaktionsräumen ungewohnten, anfänglich stets ein wenig verlegenen Feierlichkeit tat das keinen Abbruch. In meinen ersten Jahren bei der SZ war das «Weihnachtsliedersingen» eine kleine Veranstaltung, da saßen ein Dutzend Redakteurinnen und Redakteure um den Tisch des Ressortleiters, später kamen dann auch deren Kinder hinzu, hatten ihre Musikinstrumente dabei und spielten bei den bekannten Weihnachtsliedern mit. Die eher unbekannten haben sie dort gelernt.

Es gab Zeiten in meiner innenpolitischen Redaktion, da wurden die 46 im «Weihnachtsliederbuch» versammelten Lieder fast allesamt gesungen, nicht unbedingt alle Strophen, aber dafür ein Lied bisweilen zweimal, in jeweils verschiedener Besetzung – nämlich das Lied von der Herbergssuche, das mit dem Satz beginnt, der dem Heft den Namen gibt: «Wer klopfet an?» Diese «Herbergssuche» ist ein Lied, das in verteilten Rollen gesungen wird. Da braucht man einen möglichst bösen Wirt, des Weiteren Maria und Josef, die im Duett singen. Die Rolle des bösen Wirts war beliebt: Der unvergessene, 2003 verstorbene Herbert Riehl-Heyse hat sie damals, als ich noch ziemlich neu war in der Redaktion, gern gesungen; auch Michael Stiller, der schon investigativer Journalist war, als diese Bezeichnung noch nicht gebräuchlich war, hat den Wirt trefflich und mit dröhnendem Bass gemimt. Zuletzt war es der Newsdesk-Chef, der sehr energisch das heilige Paar abwies: «Ei, macht mir kein Ungestüm! Da, packt euch, geht wo anders hin!»

Mein Wunsch zum gesangsreduzierten Weihnachtsfest des Jahres 2020: Das Virus möge sich packen, möglichst schnell, und endgültig verschwinden. Und wenn es so weit ist, wird das «O du fröhliche» besonders fröhlich sein.

Jahreswechsel 2020/2021: Wie wird die Gesellschaft sich an die Corona-Krise erinnern?[19] Wenn es in dreißig Jahren ein Denkmal geben sollte, das an die Corona-Krise erinnert, dann könnte es so ähnlich aussehen wie der «Garten des Exils». Er gehört zum Jüdischen Museum in Berlin. Man geht hinein, und es wird einem alsbald schwindelig. Man spürt zwar festen Boden unter den Füßen, hat aber gleichwohl das Gefühl, die Orientierung zu verlieren. Der Boden ist schief, die Achsen sind verschoben. Man schwankt beim Gehen. Die 49 Stelen, die steil emporragen und den Blick verstellen, geben den Augen keinen Halt; sie sind nicht senkrecht, sondern schräg. Man spürt: Hier stimmt nichts. Nichts passt zum Gewohnten, nichts stimmt überein mit den eigenen Erfahrungen und Erwartungen. Man fühlt sich hilflos und fremd.

Der Dichter Robert Musil hat über Denkmäler geschrieben, dass es nichts auf der Welt gibt, «was so unsichtbar wäre wie Denkmäler». Das stimmt für ganz viele Denkmäler. Durch irgendetwas, so Musil erläuternd, seien sie «gegen Aufmerksamkeit imprägniert». Das gilt zumal für das raumgreifende, das überlebensgroße Standbild von Berühmtheiten, sei es von Kaisern oder Königen, von Marx oder Lenin. Solche Standbilder sind da und doch nicht da, sie fallen erst dann wieder auf, wenn sie abgerissen werden. Musil meint: «Auch Denkmäler sollten sich heute etwas mehr anstrengen. Ruhig am Weg stehen und sich Blicke schenken lassen, das kann jeder; wir dürfen aber von einem Monument mehr erwarten.»

Zwei von den vielen Hunderttausend Denkmälern in Deutschland erfüllen diese Anforderung in besonders eindrucksvoller Weise: erstens die Stolpersteine und zweitens der bereits erwähnte «Garten des Exils». Sie strengen sich zwar nicht an, so wie Musil es möchte, aber sie strengen an, sie fordern Auseinandersetzung, liegen im Weg und verändern den Gang; sie geben der Erinnerung Gestalt und Gefühl.

Die Stolpersteine sind ein Projekt des Künstlers Gunter Demnig, das 1992 begann. Mit kleinen Gedenktäfelchen aus Messing, im Boden verlegt, wird an das Schicksal der Menschen erinnert, die in der NS-Zeit verfolgt, ermordet, deportiert, vertrieben oder in den Suizid getrieben wurden. Die Stolpersteine werden vor den Häusern, in denen die Opfer zuletzt gelebt haben, in den Gehweg eingelassen. Fünfundsiebzigtausend dieser Stolpersteine wurden mittlerweile in Deutschland und in 25 weiteren Ländern verlegt. Es sind dies Denkmäler, zu denen man nicht geht, sondern die zu einem kommen, bis vor die Haustür. Sie bringen Bürger, Schulklassen, Nachbarschaften dazu, sich mit der Geschichte zu beschäftigen, die sich vor ihrer Haustür ereignete.

Zum «Garten des Exils» muss man gehen, man muss hineingehen – dann aber ist er mehr als ein Denkmal, er ist ein «Fühlmal». Es gibt ein Gefühl dafür, wie es den Juden im Exil erging, wie es überhaupt Menschen ergeht, die ihre Heimat verlassen mussten; die ausgebürgert wurden; die geflohen sind vor Verfolgung, vor Hunger und Elend. Exil – das Wort kommt aus dem Lateinischen, es bedeutet so viel wie «in der Fremde leben», in ungewohnter, irritierender Umgebung, in der die bisherigen Koordinaten nicht mehr stimmen. Es ist mehr als Heimweh. Man hat seinen Ort in der Welt verloren.

Das Exil, in das das Virus Menschen heute schickt, ist in keiner Weise vergleichbar mit den Schicksalen, an welche die genannten Denkmäler erinnern. In der Corona-Krise haben die Menschen den Lebensort nicht gewechselt, der Ort ist derselbe geblieben. Und trotzdem fühlt sich das Leben in der Krise nicht nur völlig anders an, es ist ganz anders als vorher. Die Koordinaten des Lebens und Arbeitens haben sich grundlegend verändert. Die bisherigen Haltepunkte, die Orte der Begegnung, gab und gibt es nicht mehr. Die Menschen haben in der Krise keinen Halt mehr, auch deshalb, weil sie sich nicht mehr treffen und halten dürfen; weil sie den Kontakt bei Strafe vermeiden müssen und nicht wissen, wie lang das noch währt.

Im Kampf gegen das Virus wurden Maßnahmen ergriffen, die vor Corona niemand für möglich gehalten hätte. Grundrechte wurden eingeschränkt – in einer Massivität wie nie zuvor in der Geschichte der Bundesrepublik. Die Bürgerinnen und Bürger lebten in der Krise fast wie im Exil im eigenen Land. Es gehört zu den Bewältigungsstrategien, dies gut und notwendig zu finden, um es auszuhalten. Ein Vers von Friedrich Hölderlin kommt einem in den Sinn: «In diesem Lande leben wir, wie Fremdlinge im eigenen Haus». Die Corona-Krise fühlt sich an wie eine Entheimatung der Heimat – zum Schutz der Menschen und auf Zeit, wie es zur Beruhigung heißt.

Es wird viel darüber spekuliert, was an Gutem aus dieser Corona-Zeit wachsen, welche Tugenden sie für die Zukunft hervorbringen kann. Bei aller Skepsis, ob das funktioniert: Wenn die Angst um sich selbst und um die eigene Familie nachlässt, wenn die Aufmerksamkeit wieder frei wird für fremdes Leid und fremde Angst, dann könnten – vielleicht, hoffentlich – Sensibilität und Verständnis für Haltlose und Entwurzelte, für Vertriebene und Geflüchtete wachsen, für die Menschen also, die ihre Heimat verlassen haben und sich in Deutschland fühlen wie im «Garten des Exils», im Irrgarten der Paragrafen, auf der Suche nach Tritt und Halt und Heimat.

Es gibt ein Grundrecht auf Heimat; Denkmäler sind Monumente alter Heimatlichkeit – auch dann, wenn sie uns heute fremd sind, wie beispielsweise die Kriegerdenkmäler, die den Ersten und den Zweiten Weltkrieg heroisieren. Man darf sie nicht wegräumen; man muss sich mit ihrer Anstößigkeit auseinandersetzen, neben sie neue Denkmäler stellen, die für die Lehren aus der Geschichte stehen. Auch die Corona-Krise hält solche Lehren bereit: Es gibt ein Grundrecht darauf, dass Grundrechte nicht nur als Wörter im Grundgesetz stehen, sondern im Alltag buchstabiert und gelebt werden. Grundrechte müssen Halt geben. Das gilt in Krisenzeiten noch mehr als sonst. Um das zu lehren, braucht es Denk- und Fühlmäler – solche wie den «Garten des Exils». Er war in der Corona-Zeit, wie alle Museen, wie fast alle Denkmäler und Monumente, «vorübergehend geschlossen». Das ist kein guter Zustand. Das ist keine Lehre, sondern eine Leere.

Vater Staat und seine Kinder

++

Die Kraft der Hoffnung steckt in einem demokratischen Rechtsstaat in den Grundrechten. Die Politik darf sie nicht zum Spielzeug machen.

++

Wenn es auf ihr Ende zugeht, rufen viele Menschen nach der Mutter. So berichten es Seelsorger, Sozialarbeiter und Psychologen, die in Krankenhäusern und Altenheimen Dienst tun. Die Mutter ist Halt, Hilfe, Zuflucht und Trost in existenzieller individueller Not. Halt und Hilfe in existenzieller kollektiver Not ist der Staat. Wenn die Gesellschaft bedroht ist, ruft sie nach dem Vater, nach dem Vater Staat, auch wenn sie ihn vorher zum Teufel gewünscht hat: Der Staat soll schnell etwas tun; möglichst viel, möglichst alles. Und er soll die bestrafen, die nicht folgsam sind. In der Krise hört das Mäkeln und Meckern über den Staat auf, dann verstummt das «Privat vor Staat», dann hört der Lobpreis des Marktes auf, der angeblich alles besser macht als der Staat; dann will man die Kanzlerin, den Landesvater, den Finanzminister hören, man wartet auf beruhigende Sätze, in denen von Rettungsschirmen und von Hilfsgeldern die Rede ist; dann will man entschlossene Gesichter und Taten sehen.

So war es in der Finanzkrise 2008. So war und ist es in der Corona-Krise noch viel mehr.

Mit Corona gewinnt der Staat wieder Autorität. Mehr noch: Nicht wenige Bürger wünschen sich angesichts der unabsehbaren Gefahren nicht nur mehr Autorität, sondern mehr Autoritäres vom Staat. Er wird wieder zur Obrigkeit. Und der Staat behandelt seine Bürgerinnen und Bürger wie unmündige Kinder: Gesundheitsminister Jens Spahn ermahnt sie, die coronabedingten Beschränkungen der Weihnachtsfeiern hinzunehmen und an all die armen Menschen zu denken, die gar kein Weihnachten mehr feiern können. Das Reden des Gesundheitsministers erinnert an die Ermahnung, deren Kinder zu meiner Jugendzeit teilhaftig wurden: «Du magst kein Kassler? Iss! Denk an all die armen Kinder in Afrika, die gar nichts zu essen haben.» Der nordrhein-westfälische Ministerpräsident Armin Laschet rät den Leuten in der Corona-Krise: «Man muss jedem, der demonstriert, sagen (…): Denk in dieser Sekunde, wo du sprichst, an die, die vielleicht wenige Meter entfernt in einem Krankenhaus gerade um ihr Leben ringen.» Also: Grundrechte zählen nicht, das Mitfühlen ist wichtig?

Der SPD-Gesundheitspolitiker Karl Lauterbach sagt, die Leute sollten «nicht so viel shoppen», auf «das familiäre Zusammensein» komme es an – welches dann unter Lauterbachs Beifall unterbunden wird. Die Regierung von Brandenburg erklärt: «Wir wollen den Menschen ein schönes Weihnachtsfest ermöglichen». Ohne Hilfe der Regierung hätten die Brandenburger also kein schönes Weihnachtsfest? Die Bundeskanzlerin Merkel sagt: Eine erneute «Kraftanstrengung» sei nötig. Aha. Zu Hause sitzen, nichts tun dürfen, mürrisch werden – das ist also das von regierungsamtlicher Seite verordnete Sport- beziehungsweise Berufsprogramm. Die Leute lassen sich diese paternalistische Behandlung gefallen: Der Staat soll eine fürsorgliche und strenge Instanz sein; er soll die soziale Ordnung und das Leben jedes einzelnen Menschen so weitreichend regeln, dass es Sicherheit in der Unsicherheit gibt. Deshalb war und ist die Bereitschaft groß, sich auch drastischen Anordnungen zu fügen. Deshalb gab und gibt es viel Aversion gegen den echten oder den vermeintlichen Regelbruch. Deshalb gibt es die Neigung, Freiheit gegen Gesundheit zu tauschen.

Die Sehnsucht nach dem starken Staat ist keine Sehnsucht, die erst mit Corona einsetzt. Die Risikogesellschaft sah sich schon bisher Gefahren ausgesetzt: organisierte Kriminalität, Terrorismus, Wirtschaftskriminalität, Drogen, Umweltzerstörung. Die Bürger wünschten sich angesichts dessen einen Staat, der ihnen Sicherheit gibt – dazu ist er ja auch da. Aber der Staat befriedigte die Erwartungen einseitig; er reduzierte, Stichwort Hartz IV, die sozialstaatliche Fürsorge, befriedigte stattdessen lieber die Erwartungen des Marktes; die Sehnsucht nach dem starken Staat nutzte er aber aus, um sich neue Befugnisse auf dem Feld der inneren Sicherheit zu verschaffen. Die bisherigen Unsicherheiten kulminierten in der Corona-Krise. Und weil eine krisenstabile medizinische Vor- und Fürsorge nicht über Nacht neu konstruiert werden kann, versucht der Staat, die Sehnsucht nach dem starken Vater-Staat mit scharfen Eingriffen in Freiheitsrechte zu befriedigen. Das ist nicht unverständlich, aber gefährlich – weil die schon beschriebene Stimmung entsteht, die Grundrechte in Krisenzeiten als Ballast betrachtet.

Man konnte von Beginn des ersten Shutdowns an beobachten, wie eigentlich ansonsten kritische Bürger bereits abwehrend reagierten, wenn einer zu fragen wagte und zu fragen wagt, ob das denn angemessen sei, was Vater Staat da an Verboten verordnet. Das ist die Gefahr in der Gefahr: Der Bürger gewöhnt sich daran, dass heftige Einschränkungen der Bürgerrechte zu den Bewältigungsstrategien einer Krise gehören.

Weihnachten ist die Zeit der Geschenke. Im Corona-Jahr hat der Staat seinen Bürgerinnen und Bürgern schon vorab ein besonderes Geschenk gemacht, das ihnen Sicherheit geben, das sie vor Corona und vor sich selbst schützen soll. Es handelt sich um sehr kleinkariertes Papier, es handelt sich um Millimeter-Papier, auf dem die Corona-Regeln eingezeichnet sind. Millimeter-Papier zählt zu den sogenannten mathematischen Papieren, es besteht aus einem Gitternetz mit einer Maschenweite von einem Millimeter. In diesem Millimeter-Papier ist vom Staat eingezeichnet, was die Bürgerinnen und Bürger gerade tun dürfen und was nicht.

Ein normales Karo-Papier reicht dafür nicht, die Regeln sind nämlich sehr kleinteilig und diffizil – vor allem da, wo es um Kontaktbeschränkungen geht. So durfte es im Winter 2020 in den Privaträumen nur Treffen mit maximal fünf Personen aus zwei Haushalten geben. Das galt für die Adventszeit. Für Weihnachten und Silvester wurde das Gitternetz in den meisten Bundesländern ein wenig erweitert. Das waren nur die allgemein bekannten Regeln; es gab auch weniger bekannte. Zum Beispiel die, wonach der «Verzehr von Außer-Haus-Speisen und Getränken im Umkreis von weniger als 50 Meter von der gastronomischen Einrichtung» verboten ist.

Die Corona-Regeln: Einige Regeln ändern sich ständig – so dass man sie sich kaum merken kann; andere bleiben über längere Zeit gleich. Weil es so viele dieser Regeln gibt, verliert man leicht den Überblick. Um den Blick zu schärfen, verhängt der Staat Bußgelder. Wer seine Currywurst in 40 statt in 50 Meter Abstand von der Pommes-Bude isst, weil da die Mülltonne steht, auf deren Deckel man den Pappteller legt, muss 200 Euro Bußgeld zahlen. Wer misst das?

Die Millimeterpapierregeln überschreiten die Grenzen des rechtlich Regelbaren und des rechtsstaatlich Kontrollierbaren. Man mag ihre Einhaltung für wünschenswert und wichtig halten. Wenn sie wirksam kontrolliert würde, käme es zum polizeilichen Exzess. Gewiss: Die dringende staatliche Empfehlung, nur mit einer beschränkten Zahl von Personen zu feiern, ist richtig. Aber es geht kaum anders als die Einhaltung dieser Empfehlung der Eigenverantwortung der Menschen zu überlassen. Es wäre fatal, ja furchtbar und widerlich und auch gar nicht durchführbar, wenn an Weihnachten oder Ostern Ordnungsbehörden und Polizei die Privatwohnungen abklappern, um auf Anzeige von Nachbarn hin die Einhaltung von Kontaktregeln zu kontrollieren. Das darf nicht sein. Das wäre staatlich verordneter Festtags-Unfrieden. Unfrieden zerstört Hoffnung. Hoffnung aber ist das Mittel, das die Gesellschaft in diesen Zeiten zusammenhält.

Grundrechte sind kein Larifari. In einem demokratischen Rechtsstaat steckt nämlich die Kraft der Hoffnung in den Grundrechten. In der Corona-Krise haben mir Leute immer wieder gesagt und geschrieben: «Übertreiben Sie es nicht mit Ihrem dauernden Rumreiten auf Demokratie und Grundrechten, lieber Prantl!» Ich habe geantwortet: «Kann man es als Demokrat mit der Demokratie übertreiben?» Ein guter Bekannter meinte zu den Grundrechtseinschränkungen, dass einst mein Oberpfälzer Landsmann Hermann Höcherl als Bundesinnenminister im Kabinett von Konrad Adenauer schon recht gehabt habe mit seinem Satz, dass seine Beamten «nicht den ganzen Tag mit dem Grundgesetz unter dem Arm herumlaufen» könnten. «Ob sie es unterm Arm tragen», habe ich geantwortet, «ist mir gleich. Aber im Kopf und im Herzen müssen die Politiker und ihre Beamten das Grundgesetz haben, wenn es darum geht, Kontaktsperren und Betriebsschließungen vorzuschreiben, durchzusetzen und wieder aufzuheben». Und: Auch aus berechtigter Sorge darf man nicht «etwas außerhalb der Legalität» handeln, wie Höcherl seinerzeit die Rechtsbrüche in der *Spiegel*-Affäre herunterzuspielen versuchte.

«Die nächste Bundestagswahl ist doch erst», so meinte da ein Freund zu meinen Sorgen über eine schrumpfende Demokratie, «im Herbst 2021. Und bis dahin ist längst ein Anti-Covid-

19-Impfstoff gefunden, bis dahin ist die Corona-Krise, selbst wenn sie ganz lange dauert, Vergangenheit». Wer so redet, der hält die Demokratie für eine Kiste: 90 Zentimeter hoch und 35 Zentimeter breit; oben hat diese Demokratie einen Deckel mit Schlitz – und alle paar Jahre, in Deutschland immer an einem Sonntag, kommen viele Leute zu diesen Kisten. Die Kisten heißen «Urnen». Das ist eigentlich ein merkwürdiger Name, denn die Demokratie wird ja an diesen Wahltagen nicht verbrannt und beerdigt. Im Gegenteil: Sie wird neu geboren, sie muss dann genährt werden, gefördert, ausgebildet, sonst stirbt sie. Sie braucht den Gebrauch und die Anwendung.

Demokratie ist sehr viel mehr als eine Wahl. Eine richtige Demokratie findet an jedem Tag statt, sie findet statt im mühsamen Begründen, Streiten und Aushandeln – wenn, ja wenn nicht gerade Corona und also das Sich-Versammeln schwer ist, das Demonstrieren auch.

Demokratie stellt nicht soziale Distanz her, Demokratie will soziale Distanz überwinden. Eine Demokratie leidet an Ausgangsbeschränkungen, an Kontakt- und Versammlungsverboten, so notwendig solche Verbote kurzfristig auch sein mögen. Die Gebote der Not sind in den Grundrechten formuliert. Es beschwören in der Corona-Krise freilich auch solche Leute die Grundrechte, die diese Grundrechte sonst verlachen und verhöhnen.

Das Grundgesetz ist kein Kostümverleih, ein Grundrecht ist kein Tarnanzug. Ein Grundrecht wie das der Versammlungsfreiheit kann sich nicht wehren; auch nicht dagegen, dass Leute mit absonderlichsten Ideen in den Hitlisten des Internets ganz oben stehen – Leute wie Attila Hildmann, ein veganer Koch, der auf Facebook in die Welt schreit: «Die Olympia Eröffnungszeremonie 2012 war ein Corona Ritual!» Diese Leute behaupten, dass die Strahlen des neuen 5G-Handy-Netzes für Covid-19 verantwortlich seien. Oder dass Bill Gates das Coronavirus in die

Welt gesetzt und die WHO gekauft habe, um sich dann mit dem Impfstoff zu bereichern. Je verrückter, desto mehr Klicks. Man darf allerdings vermuten, dass ein Teil der Aufrufe solcher Seiten nicht von Anhängern stammt, sondern von Neugierigen, die im großen Hype um die Verschwörungsideologien auch mal schauen wollen, was so an Verrücktheiten und Scheußlichkeiten im Angebot ist – so wie die Leute Anfang des 20. Jahrhunderts in die Freakshows der Jahrmärkte strömten, um «die erstaunlichsten Ungeheuer aller Zeiten» zu sehen. Bei aller Empörung darüber sollte man aber nicht ganz vergessen, was wahrlich ein Grund zur Empörung angesichts einer Pandemie sein könnte. Wahr ist nämlich, dass die WHO ohne einen Mäzen wie Bill Gates finanziell am Ende wäre, weil die Staaten zu wenig Beiträge zahlen und US-Präsident Donald Trump die Zahlungen der USA völlig gestoppt hat. Letzteres ist wirklich ein Grund zum Demonstrieren.

Die berechtigte und die herbeigeredete Aufregung über die Verschwörungsgläubigen ist das eine, die Diskussion über die Einschränkungen von Grundrechten das andere. Wer die Grundrechte verteidigt, darf nicht in einen Topf geworfen werden mit obskuren Verschwörungsideologen. Bisweilen erscheint es so, als ob die Wörter «Verschwörungstheoretiker» und «Verschwörungsideologe» dazu benutzt werden, Diskussionen von vornherein abzuwürgen – auch die Diskussionen, die notwendig sind. Sie werden dann zu Wörtern, mit denen jeder, der nicht allen Anti-Corona-Maßnahmen applaudiert, zum Schweigen gebracht werden soll. Man darf die Verfassung, man darf die Grundrechte, man darf die Versammlungs- und die Meinungsfreiheit nicht mit Radikalen und Extremisten alleine lassen. Das erfordert Mut, einen Mut, wie ihn die Frau hat, die mir mitteilte: «Ich schreibe derzeit viele Leserbriefe. Die beginne ich mittlerweile alle mit dem Satz: ‹Ich arbeite als Rundgangsleiterin in der KZ-Gedenkstätte Dachau. Ich bin somit weder Nazi noch anderweitig staats- und demokratiefeindlich, aber ... Und dann kommt meine Kritik.»

Eine gute Zukunft haben wir nur dann, wenn uns eine bürgerschaftliche Demokratie gelingt – auch in Corona-Zeiten. Das ist eine Demokratie, die die Verantwortung für die Demokratie und Gesellschaft nicht bei der Regierung, der Verwaltung oder bei den Virologen abgibt, so notwendig deren Sachverstand auch ist. Eine gute Demokratie muss auch an die Eigenverantwortung der Bürgerinnen und Bürger glauben, sie muss diese Eigenverantwortung stärken und nicht denunzieren; eine gute Demokratie traut der Vernunft ihrer Bürgerinnen und Bürger – und zwar auch dann, wenn diese Bürgerinnen und Bürger protestieren und demonstrieren.

Die Demonstrationsfreiheit ist ein Ur-Grundrecht. Sie gehört zur Kern-Substanz der Demokratie, auch in Corona-Zeiten. Sie ist das Grundrecht der Unzufriedenen und der Unbequemen. Sie ist auch das Grundrecht der Aufsässigen. In einer Demokratie darf man unzufrieden, unbequem, auch aufsässig sein – solange, solange man sich dabei nicht strafbar macht. Unzufrieden sein, unbequem sein, empört sein, auch aufsässig: man darf das, ja; und man soll das auch zeigen und zeigen dürfen. Das ist keine Verirrung der Demokratie, das ist Demokratie.

Es gibt freilich Grenzen des Tolerablen. Die verlaufen dort, wo die Gewalt und die Volksverhetzung beginnen. Freiheit ist immer auch die Freiheit der Andersdenkenden, sagt ein berühmter Satz. Die Freiheit der Andersdenkenden findet in Demonstrationen und Versammlungen ihren Ausdruck. Und diejenigen, die anders denken als die Andersdenkenden, müssen das aushalten. Auch der Staat muss das aushalten. Die Versammlungsfreiheit ist ein zerbrechliches Grundrecht. Es darf durch immer härtere Auflagen und durch Verbote nicht in Scherben fallen. Unmut muss ein Ventil haben, auch in Corona-Zeiten. Die Versammlungs- und Demonstrationsfreiheit ist so ein Ventil.

Aber: Das, was aus dem Ventil herauskommt, darf nicht giftig sein. Massive Gesundheitsgefährdungen dürfen von einer Demo nicht ausgehen. Versammlungen und ihre Veranstalter müssen sich an maßvolle Auflagen halten. Das gilt auch bei den Anti-Corona-Demos. Doch die Genehmigungsbehörde darf nicht von vornherein davon ausgehen, dass die Regeln nicht eingehalten werden. Wenn das dann wirklich so ist, muss die Demonstration aufgelöst werden. Und das darf und muss man den Veranstaltern und den Demonstrantinnen und Demonstranten auch ankündigen. «Alle Deutschen haben das Recht, sich ohne Anmeldung oder Erlaubnis friedlich und ohne Waffen zu versammeln. Für Versammlungen unter freiem Himmel kann dieses Recht durch Gesetz oder auf Grund eines Gesetzes beschränkt werden.» So steht es in Artikel 8 des Grundgesetzes. Demonstrationen, die maßvolle Gesundheitsvorschriften maßlos missachten, sind nicht friedlich.

Die Demonstrantinnen und Demonstranten müssen alles Erdenkliche tun, um sich von den Extremisten und Neonazis, von antisemitischen und fremdenfeindlichen Gruppen abzugrenzen. Das ist Demonstrantenpflicht. Wer sich mit Menschenfeinden gemeinmacht, verliert die Berechtigung, sich als demokratischer Widerständler zu bezeichnen. Die Präsenz der Neonazis und Rechtsextremisten auf den Corona-Demos bereitet jedem Demokraten allergrößte Bauchschmerzen. Es ist das Kalkül der Rechtsradikalen, es ist die Strategie der Reichskriegsflaggen-Schwenker, sich mit den Demokratinnen und Demokraten zu vermischen und deren Protest zu dominieren. Dieses Kalkül muss durchkreuzt werden: Die Polizei muss sich in Kooperation mit den friedlichen Protestierern Strategien zur Ausgrenzung und Absonderung der unfriedlichen, der volksverhetzenden Rechtsextremisten überlegen. Ein seriöser Corona-Kritiker darf die Präsenz von Neonazis bei seinen Protesten nicht gleichgültig oder gar billigend in Kauf nehmen. Die Proteste dürfen nicht nazifiziert werden.

Unter den Leuten, die protestieren und demonstrieren wollen, sind nicht wenige Anhänger und Mitglieder von SPD, Grünen und Linken, auch der FDP und der Union. Ihre Kritik, ihr Protest und ihr Aufschrei sind ernst zu nehmen. Sie müssen sich aber auch selber ernst nehmen – das heißt, sie müssen die Abstandsregeln umfassend einhalten: Erstens den Abstand, den die Corona-Verordnungen vorschreiben; und zweitens den Abstand von Rechtsextremisten, den die Demokratie vorschreibt. Wenn das in der Masse der Demonstrierenden physisch nicht geht, geht es verbal – indem rechtsextremen Rednern von den Veranstaltern die Bühne verweigert wird und indem die Redner sich von braunen Mitläufern distanzieren und sie auffordern wegzubleiben. Gewiss: Versammlungen und Demonstrationen sind kein Pilzgericht, bei dem ein giftiger Pilz das ganze Gericht verdirbt. Aber Demokraten müssen, so gut es nur geht, zu vermeiden suchen, mit den Giftigen in einer Soße zu schwimmen. Und der Staat muss ihnen dabei helfen – im Bewusstsein, wie wichtig die Grundrechte der Demonstrations- und Versammlungsfreiheit sind.

Gott allein zu Haus

++

Wie die Religionsgemeinschaften den Abstand zur neuen Form der Nächstenliebe erklärten. Es hätte Menschen ein Trost sein können, die Trostlosigkeit offenzulegen.

++

«Erquicken»: Das ist ein Wort, das in der Alltagssprache nicht mehr üblich ist, aber einen wunderbaren Gehalt hat. Es steht in der Bibel, es steht im Evangelium von Matthäus, dort, wo Jesus von den «Mühseligen und Beladenen» spricht; es steht für Tatkraft und Einsatz, für uneigennützige und aufopferungsvolle Hilfe. «Ich will Euch erquicken», sagt Jesus. Das meint: Trost geben und Halt, die Angst nehmen, kräftigen und stärken. Das hätten die Menschen in den Corona-Zeiten so nötig gehabt. Aber der Kirche ist das nicht gelungen, sie hat es monatelang gar nicht richtig versucht. In vielen Gemeinden unternahmen Pfarrer und Ehrenamtliche alles Mögliche und bis dahin für unmöglich Gehaltene, um Kirche nicht ausfallen, sondern anders ausfallen zu lassen. Seelsorger in den Krankenhäusern und Altenheimen arbeiteten bis zur Erschöpfung. Aber das hatte wenig Strahlkraft nach außen. Denn die öffentlichen kirchlichen Äußerungen wirkten, wenn auch tönend von Verantwortung und Nächstenliebe, doch kleinmütig, angepasst. Die Kirchen waren gekränkt, von der Politik nicht als systemrelevant eingestuft zu werden, und versuchten die Kränkung durch übertriebene Anpassung an die politischen Forderungen und durch vorauseilende Selbstbegrenzung der eigenen Spielräume wettzumachen. In den ersten Monaten der Corona-Krise war Ruhe die erste Bischofspflicht.

Das Osterfest des Jahres 2020 fiel in ein unheiliges Nichts. Die Kirchenleitungen agierten angstgesteuert, vor allem nachdem es nach Ende des Lockdowns im Mai in freikirchlichen Gottesdiensten sogleich zu Infektionen kam. Die Religionsgemeinschaften erklärten den «Abstand» zum Mitmenschen zur neuen Form der Nächstenliebe. Das war fatal. Erst in der Vorbereitung auf Weihnachten, ab September und Oktober 2020, fanden die Kirchen zu heiliger Kreativität und fast urchristlicher Phantasie.

Es gibt einen kleinen Satz, der das Elend der Kirche in Corona-Zeiten benennt: «Kein Weihwasser! Wegen Coronavirus!» Zettel mit dieser Aufschrift lagen und liegen im entleerten Weihwasserbecken des katholischen Gotteshauses. Sie benennen das Elend der Kirchen in Corona-Zeiten. Die Zettel sind überflüssig, weil ohnehin jeder weiß, was los ist; sie sind aber bezeichnend in ihrer Hilflosigkeit und ihrem Paternalismus. Kein Weihwasser wegen Corona. Kein. Kein. Kein.

Kein: Das war lange das kirchliche Wort zu Corona. Kein Weihwasser. Kein Gottesdienst. Kein Ort, an dem man inne- und zusammenhalten kann. Keine Nähe. Kein Singen. Hausbesuche nur in Ausnahmefällen. Für all das gab und gibt es gute Gründe. Aber die guten Gründe ersetzten und ersetzen nicht, was fehlt. Keine Begegnung. Wenig Trost.

Menschen mussten ihre letzten Lebenswochen ohne ihre Angehörigen verbringen. Sterbende mussten allein in den Tod gehen. Es gab einzelne Pfarrer, die sich gegen die Isolation der Todkranken und der Alten aufgelehnt, es gab einzelne Geistliche, die sich gegen die Behördenwillkür bei Beerdigungen gewehrt haben. Die Bischöfe haben es nicht getan. Hat man etwas davon gehört, dass sich der Bischof von Münster hinter seinen Pfarrer Peter Kossen gestellt hätte? Der hat schon lange vor dem Tönnies-Skandal gegen die schweinischen Arbeitsbedingungen in der Fleischindustrie demonstriert. Auch so kann Nächstenliebe aussehen. Aber, wie gesagt, Ruhe war erste Bischofspflicht in der Krise.

Die Kirche soll an der Seite der Leidenden stehen. Das ist der Gehalt der Bibel. In der Corona-Krise haben die Kirchen diesen Auftrag dadurch zu erfüllen versucht, dass sie sich an die Vorgaben des Staates sehr beflissen gehalten haben. Der Ratsvorsitzende der EKD, Heinrich Bedford-Strohm, befand: «Das ist die Konsequenz des Doppelgebotes der Liebe: Gott lieben und den Nächsten lieben. Wir würden unsere Botschaft konterkarieren, wenn wir uns anders verhalten würden.» Reicht das? Besteht darin Erquickung? Und wenn man sich in einer Mischung von Vernunft, Angst und Unsicherheit entscheidet, sich den Regeln zu unterwerfen – sollte man dann nicht wenigstens beklagen, welche Lieblosigkeit das für die vielen bedeutet, die so alleingelassen werden? Den vernünftigen Begründungen für die vernünftige Zurückhaltung und der vernünftigen Theologie und den vernünftigen Sperrungen der Kirchenbänke war so wenig anzumerken, dass diese ganze Vernunft wehtat. Das war schmerzhaft schmerzlos. Statt den Abstand zu beklagen, haben die Kirchen den Abstand zur neuen Form von Liebe umdefiniert. Wenn die Kirchen sonst nichts tun konnten und nichts tun können, dies doch: laut über die Härten klagen und den Betroffenen eine Stimme geben. Es ist Trost, Trostlosigkeit offenzulegen und nicht Pflaster darüberzukleben.

Nächstenliebe bestand in der Erfüllung, in der eifrigen Übererfüllung der staatlichen Verordnungen. Die Kirchen haben sich in der Krise kleingemacht. Sie haben nicht protestiert, als die Sterbenskranken in den Kliniken einsam und allein sterben mussten. Sie haben sich nicht empört, als die Alten in den Pflegeheimen isoliert wurden. Man war auch ergeben und duldsam, als zur Osterzeit die Baumärkte für ihre Geschäfte geöffnet haben durften, aber nicht die Kirchen für ihre Gottesdienste. Man war damit beschäftigt, sich im Baumarkt mit Flatterband auszurüsten, um die Kirchbänke vor Besuchern zu sichern und Richtungspfeile auf den Boden zu kleben. Man hat Weihwasserbecken ausgeleert, Anwesenheitsformulare für Kirchenbesucher entworfen und darüber philosophiert, ob man die Kommunion mit oder ohne Handschuhe austeilt. Die Pfarrer, die mehr tun wollten, wurden scheel angeschaut. Und man war stolz wie Bolle, wenn die staatlichen Stellen einen bei alledem lobten. Beim evangelischen Bischof der Nordkirche hörte sich das so an: «Nicht umsonst bestätigte das Bundesverfassungsgericht die Gottesdienstverbote bei gleichzeitiger Bedeutung der Religionsfreiheit». Herrgott! Ist solche Kriecherei der Preis, den die Kirche für das Staatskirchenrecht, die Kirchensteuer und sonstige Alimentierung zahlt?

Persönlicher Beistand wurde der Pandemie geopfert. Sterbebegleitung funktioniert aber nicht auf digitale Weise. Schuldnerberatung, Suchthilfe und Schwangerschaftskonfliktberatung gerieten am Telefon schnell an ihre Grenzen. Es sei nicht die Zeit für Aufsässigkeit, sagte der Ratsvorsitzende der Protestanten. Er glaube nicht, dass morgen die Diktatur ausbreche, sagte der Münchner Kardinal Reinhard Marx. Es sind dies Sätze der Beschwichtigung. Es gab Seelsorger, die den Zugang zu Pflegeheimen vor Gericht eingeklagt haben. Wie wäre es gewesen, wenn das ein Kardinal getan hätte – namens und im Auftrag der Bischofskonferenz? Wo war die laute Stimme der kirchlichen Wohlfahrtsverbände in der Corona-Krise? Ulrich Lilie, Präsident der Diakonie, hat sich gegen solche Kritik verwahrt: Man habe doch die Lage der Ärmsten «thematisiert» und eine Debatte über die Balance von Infektionsschutz und Freiheitsrechten in Altenheimen «eingefordert». Man hätte sie nicht einfordern, sondern führen sollen.

Die Gotteshäuser waren immer die Orte, an denen die tiefsten Regungen ihren öffentlichen Platz hatten: Angst, Schuld, Trauer, Verzweiflung, Liebe und Glück. In der Corona-Krise haben die Kirchen sich der ernüchternden Wirklichkeit ergeben. Man hatte, zumal beim ersten Lockdown, den Eindruck, Gott sei im Gotteshaus allein zu Haus. Die Kirchen sind immer Haltestellen gewesen: Haltestellen, um zu warten, dass es besser wird; dass das Leid vergeht; dass die Gefahr schwindet. In der ersten Phase der Corona-Krise aber haben die Kirchen kaum mehr Visionen entwickelt, keine Vorstellungen von einer besseren Welt. Sie ergaben sich der ernüchternden Wirklichkeit. War das, ist das ihre Aufgabe? Wo blieb die Hoffnung, wo wenigstens der Widerstand gegen die Hoffnungslosigkeit?

Der Mensch lebt nicht vom Brot allein. Das ist in normalen Zeiten ein beliebter Predigtsatz. Er gilt erst recht in unnormalen Zeiten. Der Mensch lebt von Gottes Wort, sagt Jesus; von Wort und Berührung. Die Frau im Altersheim: Sie lebt vom Besuch des Sohnes. Der Mann im Krankenhaus mit seiner Krebsdiagnose: Er lebt vom tröstenden Gespräch. Die trauernde Tochter: Sie lebt vom Hören der letzten Atemzüge der Mutter. Ohne das kann ich nicht weiterleben, sagen diese Menschen. Haben die Kirchen diese Wahrheit ernst genommen, als beim Lockdown ohne Wimpernzucken die persönliche Begegnung vermieden wurde? «Liebe deinen Nächsten wie dich selbst.» Reicht es wirklich aus zu glauben, soziale Distanz zu wahren sei Nächstenliebe? Wie viel Selbstliebe war im Spiel, als Nächstenliebe zu Social Distancing umgedeutet wurde? War das die gebotene Vernunft oder die Angst vor der eigenen Ansteckung, die sich als Verantwortung tarnte? Offene Fragen. Wenn die Kirchen keine eigenen nachträglichen Antworten darauf finden, könnte die Antwort in einer Vorhersage des Soziologen Rudolf Stichweh bestehen: Das «System der Religion könnte sich als der eigentliche Verlierer der Corona-Krise erweisen».

Religion hat Kraft durch Tradition und Ritual. Wie mächtig das Ritual ist und wie stark es ist, konnte man daran merken, wie groß und leidenschaftlich die politische Diskussion um Weihnachten 2020 geführt wurde. Gottesdienste sind Rituale. Festgottesdienste an den großen Feiertagen sind Großrituale. Und Weihnachten ist das Großgroßritual, nicht nur für Christen, nicht nur für Religiöse, sondern für alle. Weihnachten ist wie ein Lagerfeuer, das nicht herunterbrennt. Es ist das Fest der Wiederholung der Wiederholung. Selbst hartgesottene Atheisten beteiligen sich am Weihnachtsritual. Auch wenn man mit Kirche und Glauben abgeschlossen hat, geht man zum Heiligabend-Gottesdienst, erliegt dabei womöglich, wenn auch widerwillig, dem Zauber der Erzählung «Es begab sich aber …».

Auch die Inszenierung in den Familien ist von hartnäckiger Beständigkeit; was für ein Frevel, wenn es anderes Geschirr oder Essen gibt! Weihnachten ist inszenierte Erinnerung und nicht selten die inszenierte Flucht vor der Erinnerung. Auch wenn man auf die Malediven fliegt, man entflieht ihr nicht. Die Gesellschaft war freilich schon vor Corona dabei, sich von Ritualen zu verabschieden. Anstelle der Inszenierung verlangt man Authentizität, anstelle des Rituals Echtheit. Neue Aufregung und neuer Reiz sind angeblich besser als Ruhe: Wiederholungen werden ersetzt durch Serien, Gefühle durch Affekte. Man misstraut der wiedererkennbaren Form; man klagt sie an, sie sei falsch, unaufrichtig und unfrei. Das ist fatal. Es schadet dem Zusammenleben. Noch ist nicht klar, ob Corona und die Verbote und Maßregeln, die damit einhergingen, den Ritualen endgültig den Garaus machen – oder ob sie die Sehnsucht nach den Ritualen von Neuem wecken.

Der Lockdown erfasste nicht nur das Sterben der Menschen, das so oft unbegleitet blieb. Der Lockdown erfasste auch ihre

Beisetzung zur letzten Ruhe – es waren oft kümmerliche Veranstaltungen. Und diese Kümmerlichkeit, diese Tristesse und ungetröstete Traurigkeit erfasste die Trauerfeiern von ganz unbekannten und von berühmten Menschen gleichermaßen. Ich hätte mir einen großen Abschied von und für den wunderbaren Politiker und katholischen Christenmenschen Norbert Blüm gewünscht – er sich wohl auch. Blüm hat für den Sozialstaat geworben, er hat für ihn gekämpft wie kaum ein anderer, er hat ihn ausgebaut. Er hat sich nicht unterkriegen lassen, nie, auch dann nicht, wenn er sich zu diesem Zweck noch kleiner machen musste, als er es körperlich schon war. Wenn es um soziale Gerechtigkeit ging – da war er sich für fast nichts zu schade. Notfalls hat er den Büttenredner gegeben, notfalls hat er den Pausenclown gespielt, notfalls hat er sich, wie beim neoliberalen CDU-Parteitag in Leipzig im Jahr 2003, von der Bühne buhen und pfeifen lassen.

Ich habe nicht gezählt, auf wie vielen Beerdigungen ich in meinem Leben war. Es waren ziemlich viele. Das begann schon früh: Als Kind und als Jugendlicher war ich quasi als junger Profi auf Beerdigungen. Ich war Ministrant und habe, fast jede Woche einmal, bei Beerdigungen und «Aussegnungen», wie das damals hieß, dem Pfarrer assistiert. Damals, es war in den sechziger Jahren des letzten Jahrhunderts, war es noch üblich, dass die Verstorbenen aufgebahrt im offenen Sarg lagen. Man sah dem Toten beim Abschied, bei der Totenfeier, ins Gesicht. Und ich litt an der Vorstellung, dass die Toten vielleicht gar nicht tot waren, und konzentrierte mich, während die Angehörigen schluchzten, darauf, ob sie sich vielleicht noch bewegten, ob da etwas zuckt im Gesicht – und keiner merkt es außer mir. Und ich fragte mich, was ich dann bloß tun sollte. Da wirkten wohl die Erzählungen von Großmutter Maria über Scheintote nach und deren Angst, lebendig begraben zu werden. Es waren damals meist Abschiede von Menschen, die ich persönlich nicht oder kaum kannte. Ich beobachtete die Trauer wie ein Schauspiel.

Die Abschiede von Menschen, bei denen ich selber schluchzte, kamen erst später, als ich schon ein Beerdigungs-Routinier war. Es waren Trauerfeiern für die Menschen, die mir ans Herz gewachsen waren, Trauerfeiern für Großmütter, für Onkel, Tanten, für Klassenkameraden, für Freundinnen und Freunde; Trauerfeiern dann auch für Menschen, die ich in meinen Berufen erst als Richter und dann als Journalist kennen, schätzen und lieben gelernt hatte. Auch der Tod muss gefeiert werden. Ja – Trauerfeiern. Trauerfeiern! Das ist zum merkwürdigen Wort geworden. Es klingt wie ein Selbstwiderspruch in Zeiten, in denen Feiern, Spaß und Partymachen ein und dasselbe geworden sind. Man geht nicht mehr zu einer Feier. Man geht feiern. Feiern braucht keinen Anlass. Feiern ist Selbstzweck. Feiern braucht keinen Sinn. Feiern ist der Sinn. Und den wollen sich so manche gefälligst auch von Corona nicht nehmen lassen.

Ich will mir aber das schöne Wort «Trauerfeier» nicht nehmen lassen. Auch der Schmerz, auch der Verlust, auch der Tod muss gefeiert werden. Er muss den Alltag unterbrechen. Und er braucht seine Musik, seine Rituale, seine Choreographie. Man muss den Tod feiern, um ihm zu widerstehen. Denn es ist so: Auch wenn er noch so oft meinen Weg gekreuzt hat und ich ihm auch schon selber von der Schippe gesprungen bin: Niemals werde ich mich an den Tod gewöhnen. Er bleibt mir unheimlich, er bleibt mir unvertraut. Ich bleibe per Sie mit ihm. Ich kann mich nicht mit ihm anfreunden. Sicher, ich kann ihm auch hier und da Gutes abgewinnen, ich kann ihn akzeptieren, ich kann ihm seinen Platz gewähren, so wie man einem aufdringlichen Besucher, der den Fuß in die Tür stellt, am Ende sagt: Wenn's sein muss, kommen Sie rein.

Aber ich kann mich nicht an ihn gewöhnen. Ja, ich kenne seine Methoden mittlerweile, ich weiß, wie er vorgeht. Ich bin nicht überrascht. Bei den einen schleicht er sich langsam an, nagt an ihnen, saugt ihnen nach und nach die Lebenskräfte weg, bis man ihn schließlich anbettelt: Nun mach doch endlich ein Ende. Die anderen überfällt er hinterrücks und mit Macht, mäht sie von einem Augenblick zum anderen um wie der Schnitter den Grashalm. Er fragt nicht, ob einer das verdient hat. Er fragt nicht, ob einer alt genug ist. Er fragt nicht, ob einer noch gebraucht wird. Er fragt überhaupt nicht. Und er antwortet auch nicht. Er braucht keine Begründungen. Er kommt einfach, und immer so unterschiedlich, mal ganz still als sanfter letzter Hauch, mal mit Stöhnen und Qual, mal gänzlich unbemerkt. Nein, ich kann mich nicht an den Tod gewöhnen. Ich will mich auch nicht an ihn gewöhnen. «Der Tod muss abgeschafft werden. Diese verdammte Schweinerei muss aufhören. Wer ein Wort des Trostes spricht, ist ein Verräter!» Das habe ich auf einem Schild gesehen, in Berlin. Es ist ein Satz, ein greller Aufschrei von Bazon Brock, dem Professor für Ästhetik, auf ein grellgelbes Blechschild geprägt; er spricht mir aus dem Herzen.

Aber so ganz ohne Trost geht es auch nicht. «Herr, dein Wille geschehe», las man früher in Todesanzeigen. Aber solche Sprüche und auch das Symbol des Kreuzes sind rar geworden, schon vor Corona. Die religiöse Vertröstung zieht nicht mehr, das ist gut. Aber auch der religiöse Trost trägt für die meisten nicht mehr. Da bleibt als Trost der Blick auf das Leben des Verstorbenen. Auch da haben sich die Sinnsprüche verändert. Früher las es sich so, was über ein erfülltes Leben zu sagen war: «Müh und Arbeit war Dein Leben, und nie dachtest Du an Dich. Immer für die Deinen streben, war Dir allerhöchste Pflicht.» Das ist lange her, mehr als ein halbes Jahrhundert. Der biederholprige Reim aufs Leben und Sterben ist aus den Anzeigen verschwunden. Heute steht da öfter, dass die Menschen «Stars» werden, leuchtende Sterne am Himmel. Der Müh-und-Arbeit-Spruch ist ausgestorben, wahrscheinlich auch deshalb, weil solche Leben ziemlich ausgestorben sind: Leben also, die ihre Erfüllung in Müh und Arbeit, in Aufopferung und Pflicht gesehen haben.

Auch das Kreuz als Symbol ist in den Todesanzeigen vom Aussterben bedroht. Vielleicht weil der christliche Glaube flüchtiger wird. Vielleicht auch, weil man das Kreuz als negativ empfindet. Die Zeiten, in denen die Menschen ihr Kreuz willig auf sich genommen haben, sind vorbei. Das ist eine große Entlastung: Man darf an sich denken, man darf für sich sorgen, man darf seinen Träumen folgen, sein Glück suchen, man soll es sogar. Der Abschied von diesem Müh- und Arbeitsideal ist etwas Gutes gewesen. Ein gutes Leben ist heute ein Leben, in dem sich jemand selbst verwirklichen konnte. Wenn man trauert, ist es ein Trost, wenn man sagen kann: Da hat jemand sein Leben gelebt. «Ein gelungenes Leben», heißt das dann oft. Was ist ein gelungenes Leben? Die Frage lautet: Wie gelingt das Leben? Wann ist es gelungen? Leben ist nicht zum Gelingen da, sondern zum Leben. Manchmal ist es schon gelungen, wenn es gelingt, weiter zu leben nach einer Katastrophe, nach einem Schicksalsschlag. Und es sind nicht unbedingt die Glücklichen und Zufriedenen, nicht die Schmerzfreien, die den anderen beim Leben helfen.

In den grauen Wochen des Novembers liegen die offiziellen Tage für Trauer und Tod: am Monatsanfang Allerheiligen und Allerseelen, die katholischen Gedenktage; am Monatsende der Totensonntag der Protestanten. Dazwischen liegt der Volkstrauertag, der staatliche Gedenktag, der an die Kriegstoten und an die Opfer von Gewalttaten erinnern soll. Die Tage stehen kalendarisch für eine Kultur der Trauer und der Erinnerung, die einst einvernehmliche Rituale kannte. Die verblichenen bürgerlichen Trauerregeln begannen bei der schwarzen Kleidung und bei fein abgestuften Regeln, wie lange sie zu tragen war. Der Umgang mit Tod und Trauer ist kulturell und rituell unsicher geworden. Die allgemeinen Totengedenktage des Monats November sind übrig geblieben aus der Zeit, in der das Leben fester gefügt war und in denen es verbindliche Gewohnheiten dafür gab, wie zu trauern ist. An diesen Tagen hat sich ein Rest der alten Verbindlichkeiten bewahrt, die Menschen fahren, oft Hunderte von Kilometern, «nach Hause», schmücken ein Grab, stehen gedenkend davor, hören den Gebeten zu.

Auch das war im Corona-Jahr anders. Die Friedhöfe waren leerer als sonst, die Kirchen ohnehin, die Totenandachten fielen kleiner, sehr klein oft, aus – die Angst vor einer Ansteckung erfasste auch die Rituale der Trauer und des Gedenkens. Wer in den vergangenen Monaten einen Freund, eine Freundin, einen Angehörigen verloren hat, der weiß das: Begräbnisse sind extrem reduzierte, ja im Wortsinn klägliche Veranstaltungen geworden. In Bayern haben sich die Alten früher gern «eine schöne Leich» gewünscht, also ein schönes Begräbnis, bei dem viele Leute da sind, die anschließend etwas zum Essen und Trinken bekommen – solche Begräbnisse gab es seit März 2020 nicht mehr. Es war dies eine Folge der Kontaktbeschränkungen, ein Ausdruck der hygienischen Distanz, die auch die tröstende Umarmung erfasst, die die Nähe in Schmerz und Trauer erschwert oder gar unmöglich macht. Ich frage mich, ob Corona die Rituale des Lebens und des Sterbens nur auf Zeit beeinträchtigt, oder ob es an ihrer Akzeptanz und Substanz nagen wird. Werden die Menschen, wenn die Kargheit lang genug andauert, reagieren wie der Mensch, der lange gehungert hat und danach gar nicht mehr recht essen kann? Wird die Abstinenz dazu führen, dass es irgendwann heißt: «Ach, das Brimborium, das brauchen wir doch gar nicht. Es ist aufwändig, es ist teuer, es kostet Zeit, und wir haben ja erlebt, dass es auch ohne geht»?

Wo werden die sein, die so sind wie meine Tante Sophie? Für sie ging es nicht ohne. Zur Not wurde sie sehr erfinderisch, wenn es darum ging, das Ritual durchzuziehen. Seinerzeit, vor vielen Jahrzehnten, drängten sich an Allerheiligen so viele Verwandte um das Grab des Großvaters, dass es ihr zu lange gedauert hätte, um nach vorne vorzudringen und dort das Trauerwerk zu verrichten, das im Benetzen des Grabs mit Weihwasser bestand. Sie löste das Problem der Distanz auf besondere Weise: Sie hatte das geweihte Wasser in eine leere Spülmittelflasche gefüllt, spritzte dann damit in hohem Bogen über die Köpfe der Vorstehenden hinweg aufs Grab des Großvaters. Das war die Tante Sophie'sche Form von liturgischer Kreativität.

Vielleicht weckt die Fastenzeit bei den Ritualen so eine Sophie'sche Kreativität in den Kirchen, die sie einfallsreich macht und näher zu dem führt, was Menschen in den Krisen und an den Wendepunkten ihres Lebens nötig haben.

Das Virus R

++

So gefährlich wie Corona. Sein Wüten verdunkelt
die Jahrhunderte.

++

Es gibt ein Virus, das Mund und Gedanken mit Hasssprache füllt und anders, aber genauso gefährlich ist wie das Coronavirus. Es ist ein ganz altes, ein ganz aggressives Virus; dieses Virus hat zig Millionen Menschen das Leben gekostet. Sein Wüten begleitet und verdunkelt die Jahrhunderte. Es ist das braune Virus, das Virus R – R wie Rassismus. Eine verbrecherische deutsche Politik, genannt Nationalsozialismus, hat diesem Virus in der ersten Hälfte des 20. Jahrhunderts nicht nur seinen pandemischen Lauf gelassen; der NS-Staat hat das Virus R massenhaft produziert und es mit verbrecherischer Lust genutzt. Es herrschte hierzulande lange der Irrglaube, dass es in Deutschland nach der Befreiung vom Nationalsozialismus und dem Ende des Holocaust keinen Rassismus mehr gäbe.

Das Virus R ist ein Huckepack-Virus. Es lässt sich mit Vorliebe tragen; gibt es Wohnungsnot, gibt es Arbeitslosigkeit, gibt es Gewalt – das Virus R springt von hinten auf, klammert sich an und verwirrt das Denken: Schuld an der Misere seien die Ausländer, die Flüchtlinge, die Juden. So war es auch, als Corona nach Deutschland kam. Sündenböcke waren diesmal Menschen mit asiatischem Aussehen, die von wildfremden

Menschen auf offener Straße mit «Corona, Corona»-Rufen traktiert wurden oder den Rat bekamen: «Dich sollte man mit Sagrotan einsprühen». Der Psychologe Steven Taylor warnt deshalb davor, Epidemien Namen zu geben, die sich auf eine vermeintliche Herkunft des Verursachers beziehen. Das Virus R springt auf solche Bezeichnungen an und heftet sich an sie. Dass das jetzt grassierende Coronavirus so einen schwer zu merkenden und schwer aussprechbaren Namen SARS-CoV-2 trägt, ist darum ein kleiner Beitrag zur Abwehr des Rassismus, gegen den die Gesellschaft längst noch nicht geimpft ist, auch die deutsche nicht.

Als die Generalversammlung der Vereinten Nationen 1966 den 21. März zum Internationalen Tag zur Überwindung von Rassismus erklärte, tat man in der Bundesrepublik Deutschland erst einmal so, als ginge einen das nichts an. Der 21. März – das war ja auch kein deutsches Datum, das erinnerte und erinnert an das Massaker an der schwarzen Bevölkerung im südafrikanischen Sharpeville. Am 21. März 1960 hatten Zehntausende schwarze Südafrikaner absichtlich ihre Ausweise zu Hause gelassen und waren zu den Polizeistationen des Landes marschiert, um sich wegen eines Verstoßes gegen das rigide Passgesetz verhaften zu lassen. In Sharpeville bei Johannesburg eröffneten aber Polizisten das Feuer und töteten hinterrücks 69 schwarze Demonstranten, 180 Menschen wurden verletzt. Nelson Mandela ging in den Untergrund.

An diesen Tag erinnert der Internationale Tag gegen den Rassismus. Er erinnert daran, was der Rassismus immer und immer wieder anrichtet. Es gehört zu den am meisten verbreiteten Fake News, dass es Rassen gebe. Es ist der Rassismus, der überhaupt erst die Vorstellung von Rassen geschaffen hat. «Rasse» ist das Ergebnis von Rassismus. Der internationale Tag gegen den Rassismus erinnert auch daran, dass Menschen nicht als Rassisten geboren, sondern dazu gemacht werden – durch

Vorurteile, die sich in die Gesellschaft eingefressen haben. Deshalb ist es möglich, dagegen etwas zu tun.

In manchen Ländern erhielt dieser Internationale Tag gegen Rassismus große Bedeutung, in Südafrika wurde er zum Nationalfeiertag erklärt; in Deutschland passierte – nichts. Man tat so, als sei die NS-Geschichte ein Buch, das ein Bibliothekar ordentlich katalogisiert, beschlagwortet und dann wieder ins Regal gestellt hat mit der Bemerkung: «Zwölf Jahre Nationalsozialismus, das nächste Buch bitte!» Das nächste Buch trug den Titel: «Deutschland ist wieder wer.» Untertitel: «Die Geschichte geht weiter.» Aber so war es nicht. Deutschland war mitnichten rassismusfrei. Die Ausschreitungen im September 1991 in Hoyerswerda, dann in Rostock-Lichtenhagen, später die Mordanschläge in Mölln und Solingen, die Verbrechen des NSU zeigten das auf brutale Weise. Und in den Jahren 2019 und 2020 konnte man in Kassel, Hanau und Halle erleben, wie aus rassistischer Hetze furchtbare Gewalttaten werden.

Nach den Ausschreitungen der neunziger Jahre wurden 1995 die Internationalen Wochen gegen den Rassismus in Deutschland gegründet, um eine «menschenfreundliche Gesellschaft» zu schaffen. Sie sind der Initiative des evangelischen Theologen und Soziologen Jürgen Micksch zu verdanken, der auch das Wort «ausländischer Mitbürger» erfunden hat und die «interkulturelle Woche». Sie begannen damals mit einer bundesweiten Plakataktion und dem Motto: «Rassismus macht einsam» – und ein paar wenigen Veranstaltungen, die vom Staat misstrauisch beäugt wurden. Staatliche Stellen lehnten die Förderung von Projekten ab, wenn die das Wort «Rassismus» verwendeten. Rassismus ist, so scheint es, immer anderswo: Als im Jahr 1997 das «Europäische Jahr gegen den Rassismus» eröffnet wurde und nach dem Willen der EU auch in Deutschland begangen werden sollte, genierten sich die deutschen Regierungspolitiker für dieses Wort «Rassismus» beinahe mehr als für die Vorfälle, die es bezeichnete. Der damalige Bundesinnenminister Manfred Kanther (CDU) war deshalb herzlich froh, als dieses Jahr wieder vorbei war und er selbst es fertiggebracht hatte, das Wort so gut wie nicht in den Mund zu nehmen. Folklore, Kebab, Tralala – das alles wollte er gerne fördern, mehr aber nicht; vor allem wollte er nicht vom alltäglichen Rassismus in Deutschland reden, von dessen Ursachen und dessen Bekämpfung.

Die politische Phobie gegen das Wort Rassismus ist verschwunden. Kanthers Nachfolger Otto Schily (SPD) hat sich immerhin getraut, ein «Bündnis gegen Rassismus» zu gründen. Es reifte, nach neuerlichen ausländerfeindlichen Anschlägen im Jahr 2000, die Erkenntnis, dass es nicht reicht, einmal im Jahr so eine Art Muttertag für Ausländer zu protegieren. Es war aber dann noch ein langer Weg bis zum 14. Juni 2017. An diesem Tag wurde im Bundeskabinett der «Nationale Aktionsplan gegen Rassismus» verabschiedet, in dem die Wochen gegen den Rassismus eine besondere Rolle spielen. Zuletzt haben 80 Organisationen mitgemacht – Religionsgemeinschaften, Fußballvereine, Gewerkschaften, Wohlfahrts- und Arbeitgeberverbände. Fast zweitausend Veranstaltungen waren es bundesweit im Jahr 2019 gewesen. Dann kam 2020 Corona. Alle Veranstaltungen fielen aus.

An ihre Stelle quasi trat im Frühsommer 2020 eine Videodokumentation aus den USA, sie heißt «How George Floyd was killed in Police Custody» – Wie George Floyd im Polizeigewahrsam getötet wurde. Es ist der Abend des 25. Mai 2020 in Minneapolis. Man sieht, wie George Floyd aus seinem Auto geholt wird, wie seine Hände hinter seinem Rücken gefesselt werden und er zu Boden gezwungen wird. Was dann folgt, sind entsetzliche acht Minuten und 46 Sekunden, kaum auszuhalten. Man sieht, wie ein Polizeibeamter auf Floyds Nacken kniet, wie ein Kollege auf Floyds Rücken drückt und ein anderer auf dessen Beine. Man hört das Opfer flehen und bitten: Ich kann nicht atmen. Man hört ihn nach seiner Mutter rufen. Man hört ihn sagen, dass er stirbt. Es rührt die Beamten nicht. Man sieht entspannte, kalte Mörder in Uniform. Es sind weiße Polizisten. Ihr Opfer ist schwarz, Afroamerikaner.

13 Prozent der US-Bevölkerung sind schwarz, 24 Prozent der von der Polizei getöteten Menschen sind schwarz, 38 Prozent aller US-Gefängnisinsassen sind schwarz. Für Rassisten beschreiben diese Zahlen, dass «die Schwarzen» betrügen, klauen, vergewaltigen und töten; die Zahlen bestätigen, angeblich, die Vorurteile. Sie beschreiben aber in Wirklichkeit und in aller Nüchternheit den strukturellen Rassismus.

Die Bilder der Videodokumentation zeigen den Rassismus in all seiner Brutalität; der triumphal aufgerichtet auf dem Hals eines erstickenden Schwarzen kniende weiße Polizist ist geradezu eine Ikone des Rassismus. Und die Demonstrationen überall in den USA zeigten, wie sehr dieser Rassismus das Land aufwühlt. Viele Demonstranten trugen Plakate oder T-Shirts mit der Aufschrift «I can't breathe». Es ist dies ein Satz, der seit dem Jahr 2014, seit dem Tod des asthmakranken Afroamerikaners Eric Garner, für Polizeigewalt steht. Garner war in New York City bei der Festnahme von Polizisten erwürgt worden. «I can't breathe», hatte er zuvor geklagt, ohne dass die Polizisten darauf reagierten.

Der Funke des Protestes sprang auch hierzulande über – trotz Corona. Die Anti-Rassismus-Demonstrationen waren die einzigen Großdemonstrationen im Jahr 2020 neben denen gegen die Corona-Maßnahmen. Auch sie entsprachen nicht den Infektionsschutzauflagen. Dennoch hielt sich die Polizei, selbst von Rassismusvorwürfen getroffen, glücklicherweise bei der Auflösung dieser Demos zurück.

Minneapolis ist nicht so weit weg von Deutschland, wie man meint. New York City ist auch nicht so weit weg. Bei den Bildern von den Anti-Rassismus-Demonstrationen in den USA konnte einem der frühere Zornedinger Pfarrer Olivier Ndjimbi-Tshiende einfallen: deutscher Staatsbürger, gebürtiger Kongolese, Theologieprofessor, katholischer Priester in Zorneding bei München – er verließ wegen rassistischer Anfeindungen und Drohungen die Pfarrei. Die damalige CSU-Ortsvorsitzende hatte 2015 im Parteiortsblatt *Zorneding Report* geschrieben, Bayern werde «von Flüchtlingen überrannt», und sprach von einer «Invasion». Migranten aus dem afrikanischen Eritrea nannte sie Militärdienstflüchtlinge. Diesen Äußerungen widersprach Ndjimbi-Tshiende in einem Interview mit der *Süddeutschen Zeitung* und forderte mit seinem Pfarrgemeinderat die Partei auf, nicht mehr die Kirchtürme Zornedings auf ihrer Publikation zu verwenden. Daraufhin äußerte der damalige stellvertretende CSU-Ortsvorsitzende in einem Gespräch mit einer Lokalzeitung: «Der muss aufpassen, dass ihm der *Brem* (Anmerkung: ein in Zorneding lebender Ruhestandspriester) nicht mit dem nackerten Arsch ins Gesicht springt, unserem *Neger*.»

Anonyme Briefe mit Beleidigungen und Morddrohungen gingen beim Pfarrer ein. In seinem Briefkasten fand er ein weißes Pulver, von dem er nicht wusste, was es war. Dann erhielt er eine Postkarte, auf der zu lesen stand: «Wir schicken dich, du Arschloch, nach Auschwitz.» Und noch eine Postkarte: «Hau ab, du stinkender Neger.» Nach fünf Morddrohungen gab der Geistliche sein Amt als Gemeindepfarrer von Sankt Martin ab. Heute lehrt er an der katholischen Universität in Eichstätt. Einer der Rassisten, die ihn bedroht hatten, ein 74-jähriger Rentner, wurde zu zehn Monaten auf Bewährung und zur Zahlung von 600 Euro an den Verein «München ist bunt» verurteilt, zahlbar in Monatsraten zu 20 Euro. Das ist noch einigermaßen billig ausgegangen für ihn.

Menschen werden nicht als Rassisten geboren, sie werden dazu gemacht: Durch Vorurteile, die sich in die Gesellschaft eingefressen haben und die tiefe Wurzeln haben, in den Geistes-

und Naturwissenschaften, in der Philosophie und in der Theologie, in der Biologie. Der ehemalige Pfarrer in Zorneding kennt gewiss den theologischen Rassismus, der einst aus der biblischen Urerzählung von Noah entwickelt wurde. Noah, den mit der Arche, kennt jeder. Er ist im Mythos der Urvater der nachsintflutlichen Völkerwelt und spricht Segen über seine Nachkommen aus, aber auch Fluch. Es ist der Noahsohn Ham, den dieser Fluch schwer trifft: Verflucht sei dein Sohn, er sei seinen Brüdern ein Sklave aller Sklaven!

Dieser Satz zählt leider nicht zu den biblischen Sätzen, die wie viele andere der Vergessenheit preisgegeben worden sind. Hams Nachkommen wurden in Luthers Übersetzung zu den «Mohren». Der Fluch, «ein Sklave aller Sklaven» zu werden, war eine treffliche Vorlage für rassistische Lesarten. Damit konnte man der Versklavung der Schwarzen höhere Weihen verleihen. So erklärte im 17. Jahrhundert der Theologieprofessor Johann Heinrich Heidegger, dass in dem Augenblick, als Noah den Fluch aussprach über Hams Sohn, dessen «Haare sich kräuselten und sein Gesicht augenblicklich schwarz wurde». Wer Rettung gegen solche krausen theologischen Gedanken bei der Philosophie sucht, wird enttäuscht.

Auch die Aufklärung klärte nicht auf, sondern steuerte ihren Teil zur Verwissenschaftlichung des Rassismus bei. Hundert Jahre später schrieb Immanuel Kant, der meinte, es besser zu wissen als der Theologe: «Einige bilden sich ein, Ham sei der Vater der Mohren und von Gott mit der schwarzen Farbe bestraft, die nun seinen Nachkommen angeartet. Man kann aber keinen Grund anführen, warum die schwarze Farbe in einer vorzüglichern Weise das Zeichen des Fluches sein sollte als die weiße.» So weit, so gut. Kant erklärt dann aber: «Der Einwohner des gemäßigten Erdstriches, vornehmlich des mittleren Theiles desselben, ist schöner am Körper, arbeitsamer, scherzhafter, gemäßigter in seinen Leidenschaften, verständiger als irgendeine andere Gattung der Menschen in der Welt. Daher haben diese Völker zu allen Zeiten die anderen belehrt und durch die Waffen bezwungen.» So weit der Philosoph der europäischen Aufklärung über Vorrang und Vorrecht der Weißen. Er hat hier nicht selbst gedacht; er hat sich der damals herrschenden Meinung angeschlossen.

Ob in Philosophie, Theologie, Biologie oder Soziologie: Rassismus hat immer seine angeblich ernsthaften Begründungen von angeblich aufgeklärten Menschen gefunden. Hass braucht nämlich das moralische oder wissenschaftliche Argument, dann ist er effektiver. «Lasst uns Menschen machen!» Das ist zur Devise des Rassismus geworden. Der Rassist erschafft die Menschen nach seinem Bild. Er versucht Menschen zu dem zu machen, was er in ihnen sieht: dumme, kriminelle, animalische Kreaturen. Dies war das Konzept des Apartheid-Staates Südafrika, das den Rassismus zur Staatsräson machte und ihn in Regierungspolitik umsetzte.

Trevor Noah, geboren in Johannesburg, heute der Jan Böhmermann der USA, beschreibt in seiner Biografie, welche Blüten der rassistische Wahn in Südafrika noch vor wenigen Jahrzehnten getrieben hat: «Jedes Jahr (wurden) einige Farbige zu Weißen befördert ... Wer einen Antrag stellte, als weiß klassifiziert zu werden, dem steckte man einen Bleistift in die Haare. Wenn der Bleistift herausfiel, war man weiß. Wenn er drinblieb, war man farbig.» Das ist kein Witz! Das ist der Wahnwitz des Rassismus.

Anti-Rassismus-Arbeit ist dringend notwendig, auch in Deutschland. Die AfD hat das Land ungut verändert. Gewiss: Sie hat auch sichtbar gemacht, was vorher schon da war. Aber Vieles ist jetzt nicht nur sichtbar, sondern auch sagbar geworden. So mancher, der sich vorher zähmte, tut es nicht mehr; er lässt die Sau raus. Der neobraune Ungeist ist nicht mehr nur in den Netzwerken zu Hause, er ist sogar in Polizeirevieren präsent.

Einrichtungen, die gegen Rechtsaußen arbeiten, müssen sich auf einmal vor Rechtsaußen rechtfertigen; das ist beim großen Goethe-Institut so und beim kleinen Demokratieverein.

Im Jahr 2020, im fünfundzwanzigsten Jahr ihres Bestehens, litten die «Wochen gegen den Rassismus» unter dem Coronavirus: Keine «Tage der offenen Moschee», keine «Religionen laden ein», keine Begegnungen, keine Fußballspiele, keine Diskussionen in Volkshochschulen. Die Aktionen wurden abgesagt. Aber eben wegen der Infektionsgefahr muss über ihr Anliegen umso lauter geredet werden, sind doch gerade Seuchen, Masseninfektionen, Pandemien schon immer Katastrophenzeiten gewesen, die fremdenfeindliche Gewalt entfesselt haben – zum Beispiel die große Pest, die 1347 von Zentralasien kommend über Konstantinopel, Griechenland und Süditalien ihren Ausgang nahm, 1348 auf Spanien, Frankreich und die Schweiz übergriff und sich dann 1349 weiter in den norddeutschen und osteuropäischen Raum ausgebreitet hat; 25 Millionen Opfer soll die Pest gekostet haben.

Bei der Suche nach den Schuldigen kam man in den Pestzeiten bald auf die Juden, denen man vorwarf, die Brunnen vergiftet zu haben. Abertausende wurden ermordet, Hunderte von jüdischen Gemeinden in ganz Europa ausgelöscht. Die Pogrome wurden dadurch angeheizt, dass die Juden seltener der Pest zum Opfer fielen als die Christen. Dafür gibt es eine naheliegende Ursache: Hygiene, begründet in den Reinigungsriten, hatte in den jüdischen Gemeinden einen viel größeren Stellenwert als bei den Christen. Aber der Vorwurf der Brunnenvergiftung verbreitete sich ebenso rasch wie die Pest selbst. Und die Juden wurden aufs Rad geflochten und mit brennenden Fackeln gefoltert, um von ihnen das giftige Geständnis zu erzwingen – und dann auf dem Scheiterhaufen hingerichtet. Weltverschwörung warf man ihnen dann alsbald vor und tat sich an ihren Häusern und ihrem sonstigen Eigentum gütlich.

Es galt (und es gilt immer noch) der Satz von Hannah Arendt aus dem Jahr 1941: «Vor dem Antisemitismus ist man nur auf dem Monde sicher». Man muss also den Mond auf die Erde holen, um für Schutz vor Antisemitismus und Rassismus zu sorgen. Es gibt diese Versuche – Versuche, die manchen klein, gar lächerlich vorkommen mögen, die aber bewusstseinsbildende Kraft haben. Dazu gehört die Dreikönigs-Geschichte des Jahres 2020 in der evangelischen Münstergemeinde in Ulm.

Die Drei Könige kamen in der Weihnachtszeit nicht, jedenfalls nicht zur Krippe des Ulmer Münsters. Das lag nicht an Reisewarnung oder Reiseverbot, das lag nicht an Corona. Kaspar, Melchior und Balthasar waren und sind keine Risikogruppe. Die evangelische Münstergemeinde nahm sie trotzdem in Quarantäne. Der Grund: nicht Verbannung des Virus, sondern Bannung des Rassismus. Das Ulmer Münster hat den höchsten Kirchturm der Welt; der wurde zum Zeigefinger gegen einen Rassismus im heiligen Gewand. «Cancel Culture» als weihnachtliche Kanzel-Kultur? Werden die Heiligen Drei geächtet, weil ein schwarzer König dabei ist? Weil alle anderen Figuren weiß sind? Verletzt die schwarze Figur Gefühle? Oder verletzt es Gefühl und Tradition, sie zu entfernen?

Ich habe die Drei Könige immer gerngehabt, und als Sternsinger haben wir uns damals darüber gestritten, wer sich als Melchior schwarz anmalen darf. Die Heiligen Drei Könige waren mir stets lieber als die Heilige Familie: Das Fremde hielt Einzug in die Frömmigkeit, und das zauberhaft Andere lagerte in der ins Heimische transportierten biblischen Szenerie. Aber die Zeiten ändern sich, und das Bewusstsein dafür kommt nach: Die Hautfarbe sagt längst nichts mehr über die Herkunft aus. Wieso sollte ein schwarzes Kind, das Sternsinger wird, automatisch der Melchior sein? Weshalb sollte nicht ein arabisches Kind diesen Part übernehmen? Womöglich auch zwei schwarze Kinder in einer Gruppe mitgehen? Heute empfiehlt das Sternsinger-Missionswerk darum ausdrücklich, die Kinder nicht zu schminken.

Im Heiligen Römischen Reich zogen Kaiser und Könige nach ihrer Krönung in Aachen gen Köln, zum Gebet vor dem Dreikönigsschrein. Die Krippenschnitzer haben sich seit jeher mit diesen Figuren am meisten Arbeit gemacht. In vielen Krippen ist der schwarze König der jüngste und schönste. Nicht so in Ulm: Der Ulmer Künstler Martin Scheible hat 1923 einen grandios hässlichen schwarzen König geschnitzt. Sein Melchior ist nun der König des Anstoßes. Wer ihn betrachtet, versteht, dass Menschen sich verhöhnt fühlen: Er entspricht rassistischen Klischees, er ist ein Zerrbild – er hat eine unförmige Gestalt, wulstige Lippen, eine Art Narrenkappe aus Federn auf dem Kopf, um den Fuß einen Goldreif; die Figur hat etwas Sklavenhaftes, und damit nicht genug. Da ist auch noch ein «Mohrenkind», das die Schleppe des weißen Königs trägt.

Das widerspricht der Friedensbotschaft, die von einer Krippe ausgehen sollte; sie richtet sich an alle Menschen, unabhängig von Herkunft, Hautfarbe oder Alter. Nach alter Interpretation verkörpern die Könige die drei Lebensalter oder die drei damals bekannten Kontinente. Das Evangelium spricht von Magiern aus dem Osten, auf der Suche nach einem neugeborenen König. Es gibt so viele Deutungen. Ja, man kann mit diesen Heiligen Drei Königen das Ressentiment bedienen. Ja, man kann mit ihnen das arrogante, koloniale christliche Abendland bebildern, in dem die Welt sich zum Christentum bekehren muss: Schließlich verlassen in der Dreikönigslegende die andersgläubigen Herrscher Land und Leute, um die Knie vor dem Christengott zu beugen. Wer die Knie nicht beugte, musste gebeugt werden. Diese religiöse Aufladung des Imperialismus wird heute noch rekonstruiert, zu besichtigen am Berliner Schloss, dem ein Kreuz aufgesetzt wurde sowie die Worte: «... dass in dem Namen Jesu sich beugen sollen aller derer Knie, die im Himmel und auf Erden und unter der Erde sind.»

Man kann es auch anders halten und das Trio als das Symbol nehmen für eine tolerante Religion. Meine, zugegeben eigenwillige und heutige, Lieblingsinterpretation ist deshalb die: Da machen sich drei Könige auf die Suche. Weil sie sich an der Krippe getroffen haben, müssen sie sich vorher verabredet haben, wer was sucht, was man schenkt und wie man sich dem Gesuchten nähert. Das ist der Trialog der Religionen; dann sind Kaspar, Melchior und Balthasar Repräsentanten der abrahamitischen Weltreligionen: Christentum, Judentum und Islam.

Eine Figur, die den einen schwarzen Menschen zur lächerlichen Karikatur formt, ist ein Ärgernis. Man kann Ärgernisse aus dem Weg räumen. In Berlin wurde rekonstruiert, in Ulm dekonstruiert. Die Entscheidung in Ulm ist richtig gewesen, allein schon, weil sie das Problem benennt und Kritik nicht scheut. Sie ist auch kirchliche Selbstkritik. Martin Scheible war immerhin der Schöpfer vieler sakraler Kunstwerke und Kunstbeauftragter der Evangelischen Landeskirche. Man hätte, so hieß es, den Scheible-König in der Krippe belassen und eine erklärende Tafel danebenstellen können. So wäre es im Museum. Eine Kirche ist aber kein Museum. Eine Krippe in der Kirche lädt ein, sich mit den Figuren zu identifizieren, sie ist liturgischer Gegenstand, der sich, wie der Kirchenhistoriker Volker Leppin in der FAZ sagt, «am Evangelium messen lassen» muss. Die Kirchengemeinde hat Maß genommen; sie hat Unvereinbarkeit festgestellt.

Gewiss: Es gibt einen Bildersturm-Furor, der dogmatisch ist und intolerant, der Geschichte und Geschichten umschreiben will, der pauschal ausgrenzt und böswillig abrechnet. Die Ulmer Königs-Quarantäne gehört nicht in diesen Formenkreis. Sie ist weder brachial noch anbiedernd. Sie ist nicht das Ende und das Amen im Münster zu Ulm. Sie eröffnet Zeit zu diskutieren, wohin der Weg gehen soll. Schließlich ist jedes Jahr Weihnachten. Die Diskussion hat einen Wert an sich. Sie macht sensibel für die Rassismen im Alltag und die blinden Flecken bei der blauäugigen Betrachtung des vermeintlich Normalen. Diese Sensibilität braucht man, um den Mond auf die Erde zu holen.

Den Mond auf die Erde holen – vielleicht darf man auch den Versuch dazu zählen, das Wort «Rasse» aus dem Grundgesetz zu streichen. «Niemand darf wegen seines Geschlechtes, seiner Abstammung, seiner Rasse, seiner Sprache, seiner Heimat und Herkunft, seines Glaubens, seiner religiösen oder politischen Anschauungen benachteiligt oder bevorzugt werden.» So steht es im Grundgesetz. Niemand hat dem Grundgesetz damals, als es 1948/49 geschrieben wurde, seine Haltbarkeit zugetraut, es galt als Grundordnung für eine Zwischenzeit. Das Land lag in Trümmern, die Zukunft war ein bombentrichtergroßes Loch. Das Grundgesetz ist so karg wie die Zeit, in der es entstanden ist; da jubelt nichts. Und in dem Satz, mit dem es, kurz wie eine SMS, beginnt, steckt das Entsetzen über die Nazi-Barbarei: «Die Würde des Menschen ist unantastbar.» Die Grundrechte, die nachfolgen, sind die Antwort auf diese Barbarei; sie sollen die Unantastbarkeit der Menschenwürde sichern und schützen.

Was aber ist, wenn die Antwort auf die Barbarei nicht nur eine Antwort ist, sondern auch ein Echo – wenn man also in der Antwort noch die Sprache derer hört, wegen deren Untaten diese Grundrechte formuliert worden sind? So ist es in dem Grundgesetz-Artikel 3. «Rasse» – das ist ein zentrales Wort aus dem Vokabular des Nationalsozialismus. Es ist das Wort, das die NS-Vernichtungspolitik bestimmt hat, es ist das Wort, das die Nationalsozialisten zur Grundlage und zum Ausgangspunkt ihrer verbrecherischen Politik gemacht haben. Ein Benachteiligungsverbot wegen der «Rasse» steht auch in der Allgemeinen Erklärung der Menschenrechte von 1948 und in der Europäischen Menschenrechtskonvention von 1950. Es ist ein zeitgebundenes, böses Wort; das Echo tönt bis in unsere Zeit: Noch in der EU-Grundrechtecharta von 2009 wird es verwendet, im Allgemeinen Gleichstellungsgesetz aus dem Jahr 2006 auch. Und selbst in neueren Kirchenliedern heißt es: «Singt dem Herrn, alle Völker und Rassen». Nun ja. Kirchenlieder kann man ungesungen lassen oder umdichten, wie das bei dem genannten Lied geschehen ist. Das Grundgesetz unbeachtet lassen – das geht nicht.

Bei den Grundgesetzberatungen hat es keine Debatten über den Begriff Rasse gegeben; er wurde vom Parlamentarischen Rat 1948/49 unhinterfragt übernommen – obwohl es niemals mehr ein deutsches Parlament gab, in dem der Anteil an Widerstandskämpfern und Anti-Nazis so hoch war wie in diesem Parlamentarischen Rat. Der Begriff «Rasse» ist auch von ihnen, von den ehemaligen Widerstandskämpfern gegen Hitler und seinen Wahn, nicht problematisiert worden. Man wollte die auf Rasse gestützte Diskriminierung ächten, hatte aber noch keinen Sinn dafür, dass schon mit der Verwendung des Begriffs Rasse die Rassenideologie zementiert wird. Man hatte kein Bewusstsein dafür, dass also schon die Verwendung des Worts Rasse diskriminierend ist.

«Race does not exist, but it does kill people», hat die französische Soziologin Colette Guillaumin formuliert. Das ist der Stand der Wissenschaft. Muss man also den Begriff Rasse aus dem Grundgesetz streichen? Oder soll man mit dem Wort Rasse so umgehen wie mit den judenfeindlichen Darstellungen auf den Domen des Mittelalters? Muss man sie herausschlagen aus dem Grundgesetz? Soll man zumindest eine Tafel anbringen mit historischen Erläuterungen? Das hieße im Fall des Grundgesetzes, eine Fußnote zum Artikel 3 Absatz 3 ins Grundgesetz zu schreiben, etwa wie folgt: «Das Grundgesetz ist in antirassistischer Absicht verfasst. Der Begriff Rasse verweist auf das Problem des Rassismus – nicht auf die vermeintliche Existenz menschlicher Rassen.» Oder soll man einfach das Wort Rasse im

Grundgesetz künftig in Anführungszeichen setzen, um einerseits den historischen Bezug zur menschenverachtenden NS-Ideologie zu behalten, sich aber zugleich von dem Wort zu distanzieren?

Die Anti-Rassismus-Richtlinie der EU aus dem Jahr 2000 verwendet zwar das R-Wort, versucht es aber zugleich wieder einzufangen. Es heißt dort im Vorspruch: «Die EU weist Theorien zurück, mit denen versucht wird, die Existenz menschlicher Rassen zu belegen. Die Verwendung des Begriffs ‹Rasse› in dieser Richtlinie impliziert nicht die Akzeptanz solcher Theorien.» Im Fall des Grundgesetzes ließe sich ähnlich argumentieren: Das ganze Grundgesetz ist ein Dokument der grundsätzlichen Abkehr vom Nationalsozialismus. Es meint daher das Wort Rasse nicht so, wie es verstanden werden könnte.

Befriedigend ist das nicht. Ein solches Argumentieren verkennt die bewusstseinsbildende Kraft von Sprache. Daran ändert auch der Einwurf nichts, im Englischen sei «race» ganz anders eingeordnet und konnotiert. Das ist so und ist ein Beleg dafür, dass historische und kulturelle Erfahrungen die Begriffe prägen. Deshalb ist Übersetzung hohe Kunst und nicht simple Wort-Mechanik. Aber im Grundgesetz geht es um das deutsche Wort im deutschen Kontext. Die Grundgesetz-Formulierung trägt auf dem Hintergrund des deutschen Rassismus die Gefahr in sich, Vorurteile fortzuschreiben. Das muss man vermeiden. Eine Änderung könnte so lauten: «Niemand darf wegen seines Geschlechtes, seiner Abstammung, seiner Sprache, seiner Heimat und Herkunft, seines Glaubens, seiner religiösen oder politischen Anschauungen benachteiligt oder bevorzugt werden. Niemand darf rassistisch benachteiligt oder bevorzugt werden.» Das Grundgesetz ist kein Relikt der Vergangenheit. Es ist zwar ein Mahnmal und ein Denkmal seiner Zeit, der Jahre 1948/49. Aber es ist zugleich und vor allem ein Wegweiser in die Zukunft. Ein Wegweiser muss klar sein, unmissverständlich, er verträgt keine Fußnoten, er verträgt keine umständlichen Erklärungen und Rechtfertigungen. Das heißt: Das Wort «Rasse» muss aus dem Grundgesetz gestrichen werden.

Um Leben und Tod

++

Gilt der Appell in der Corona-Krise auch in Europas Migrationspolitik? Covid-19 hat die Aufmerksamkeit von den Flüchtlingen wegkonzentriert.

++

Wer hätte gedacht, dass Politik zu so grundstürzenden Entscheidungen fähig ist? Wer hätte gedacht, dass sie in ganz Europa das Alltagsleben aller Menschen auf den Kopf stellt, um Leben von gefährdeten Menschen zu retten? Bis dahin schien es so, als sei das ungeschriebene Grundrecht auf ungestörte Investitionsausübung das wichtigste Grundrecht von allen. Bis dahin nannte man es Eigenverantwortung, wenn Schwache sich selbst überlassen blieben. Aber auf einmal war alles anders. Die Politik begriff: Es geht um Leben und Tod. Es muss gehandelt werden. Auf einmal war Solidarität das Wort der Stunde, der Tage und der Monate.

Schockierende Bilder aus Italien hatten zu dieser Erkenntnis verholfen. Es waren Bilder von Särgen, von unendlich vielen Särgen, aneinandergereiht und aufeinandergestapelt. Die Menschen darin, sie waren erstickt, gestorben in Einsamkeit und Verzweiflung; ihre Angehörigen konnten nicht bei ihnen sein – nicht in ihren letzten Stunden, nicht bei ihrer Beisetzung. Man hörte die Interviews mit den Ärzten, die das namenlose Leid kaum mehr aushielten. Das große Sterben war ein massenhaftes Krepieren. Es machte Angst.

Davor sollten die Menschen geschützt werden, koste es, was es wolle – *whatever it takes*. Einen solchen Satz des unbedingten Rettungswillens hatte man zuvor nur dann gehört, wenn es um Währung und Wirtschaft ging, darum, den Euro zu retten. Jetzt galt dieser Satz den gefährdeten Menschen: In ganz Europa wurden Fabriken und Betriebe geschlossen – um den Preis der größten Rezession seit dem Zweiten Weltkrieg. Die Schulen wurden zugesperrt, die Kindergärten und Spielplätze, die Theater, Geschäfte und Restaurants. In den Krankenhäusern wurden terminierte Operationen verschoben, um Platz frei zu halten für die Opfer der Katastrophe. Wer dies infrage stellte, galt als hartherzig und egoistisch. Je rigoroser Politiker handelten, umso mehr wurden sie geliebt.

Die Bilder der Särge aus Bergamo des Jahres 2020 glichen den Bildern der Särge aus Lampedusa nach dem Kentern eines Flüchtlingsschiffes 2013. Der Schock nach Lampedusa hielt nicht lang. Der Schock nach Bergamo hält bis heute an; er bewirkt, dass viele Menschen die Rettungsmaßnahmen nicht nur ertragen, sondern mittragen. Das bringt einen ins Sinnieren: Die Zahl der Flüchtlinge steigt und steigt; es steigt auch die Zahl derer, die im Mittelmeer krepieren. Es sind hier nicht, wie bei Corona, die Rettungsmaßnahmen alternativlos, sondern, so vermittelt es die Politik, das Elend und das Sterben. *Refugee lives don't matter?*

Seit 25 Jahren ist nun vom europäischen Verantwortungszusammenhang die Rede, der sich alsbald entfalten werde. Der damalige Bundesinnenminister Manfred Kanther hat 1995 davon geschwärmt. Die Einschränkungen des Asyl-Grundrechts seien der Preis, den Deutschland für das kommende gemeinsame EU-Asyl- und Aufnahmekonzept erbringen müsse. Seitdem kündigen alle deutschen Innenminister ein solches EU-Asylkonzept an. Es steht nur auf dem Papier; und selbst dort wird es immer schärfer. Zum Auftakt der deutschen Ratspräsidentschaft am 1. Juli 2020 hat Bundesinnenminister Horst Seehofer Schnellverfahren in Asylzentren an den Außengrenzen propagiert – dort soll eine Vorprüfung feststellen, dass der Asylantrag bei der großen Mehrzahl aussichtslos ist; die Flüchtlinge sollen dann sofort wieder abgeschoben werden; zurück in Herkunfts- oder Drittstaaten, von denen behauptet wird, sie seien jedenfalls teilweise sicher. Der EU-Verantwortungszusammenhang heißt also: aus den Augen, aus dem Sinn. Das Asylrecht bleibt, das Asylverfahren auch; aber immer weniger Flüchtlingen soll es möglich sein, dieses Recht zu beantragen und die Gründe ihrer Flucht überprüfen zu lassen: Politisch Verfolgte genießen Asylrecht; aber nicht in Europa.

Corona hat die Aufmerksamkeit von den Flüchtlingen wegkonzentriert. Die Verhältnisse in den Flüchtlingslagern auf den Inseln der Ägäis sind desolat. Man überlässt die Flüchtlinge zur Abschreckung dem Dreck, dem Virus, dem offenen Meer. Die EU-Staaten haben alle Rettungsmaßnahmen im Mittelmeer eingestellt. Im März 2020, als hier alles mit dem Lockdown beschäftigt war, begann die Türkei, Flüchtlinge geradezu aus dem Land heraus und über die griechische Grenze zu drängen. Im Mittelmeer spielen beide Staaten mittlerweile Wasser-Ping-Pong mit den Booten. Push-Back heißt die Spieltaktik. Die Schiffe der Küstenwachen kommen auf die Menschen, die nach Hilfe winken, zu und verursachen eine erste, eine zweite und dann noch viele Wellen, um die Boote zurückzudrängen in die anderen Hoheitsgewässer.

Man schaut jetzt der Seenot der Flüchtlinge tatenlos zu, oder hilft den Griechen sogar beim Push-Back. Die zwei Aufklärungsflugzeuge von Frontex werden zwar zur Beobachtung losgeschickt; *Eagle 1* hat an Ostern drei Flüchtlingsboote überflogen und nach einem vierten gesucht. «AlarmPhone», eine Notruf-Initiative für Flüchtlinge, hat das dokumentiert. Die Positionsdaten der Tracker von Flugzeugen und Schiffen sind nämlich öffentlich. Weder Frontex noch Küstenwachen hatten bei den dokumentierten Flügen Rettungseinsätze eingeleitet. Osterbilanz: zwölf Tote, ein Boot wurde im Auftrag Maltas nach Libyen zurückgebracht. Frontex zog eine Lehre eigener Art: Man schaltete die Transponder der Flugzeuge ab, um die Flüge und das Sterben im Meer unsichtbar zu machen.

Anfang Dezember 2020 wurden zu solchen Push-Back-Aktionen unter den Augen und mit Hilfe von Frontex im Innenausschuss des EU-Parlaments Bild- und Tondokumente vorgelegt. Mehrfach, so lauten die Vorwürfe, habe Frontex Kenntnis von in Seenot geratenen Schiffen gehabt, aber nichts getan zur Rettung. Frontex-Chef Fabrice Leggeri meinte dazu in dem Bericht, der dazu von seiner Dienstherrin, der EU-Kommissarin Ylva Johansson, gefordert wurde, das seien «Missverständnisse». Die Abgeordneten indes glaubten ihm das nicht, weil einige Frontex-Mitarbeiter, offenbar von Gewissensbissen geplagt, die Vorwürfe bestätigten.

Flüchtlinge unsichtbar machen – das gelang und gelingt während der Corona-Krise gut. Die Schiffe von Hilfsorganisationen wurden in Häfen festgehalten. Der «Globale Pakt für Migration» wurde zum 70. Jahrestag der Erklärung der Menschenrechte in Marrakesch unterzeichnet. Er sagt, dass Menschen auch dann Menschen sind, wenn sie flüchten oder vertrieben werden. Er besagt, dass es gut wäre, die Lebensverhältnisse so zu verbessern, dass Menschen nicht mehr fliehen müssen. Er besagt, dass die Staaten es den Umherirrenden schuldig sind, sie nicht als Feinde zu behandeln. Dieser Pakt braucht coronale Anstrengungen.

Einmal, ein einziges Mal während der Corona-Krise lenkte eine Katastrophe den Blick der Öffentlichkeit auf das Elend der Flüchtlinge – als das Flüchtlingslager Moria in der Ägäis brannte. Aber auch von dieser Katastrophe im September 2020 ließ sich die deutsche und die europäische Politik wenig rühren. Moria war eines der vielen Lager, die der Abschreckung dienen – dort werden Flüchtlinge, Familien, Kinder der Abschreckung geopfert. *Refugee lives don't matter*: Das ist das heimliche Motto der Flüchtlingslager in der Ägäis. Im Lager Moria leben (lebten muss man nach dem großen Brand dort sagen) zwanzig- oder dreißigtausend Menschen unter unbeschreiblichen Zuständen: einen Wasserhahn für jeweils Tausend. Versprechungen der deutschen Politik, wenigstens ein winziges Kontingent von Kindern und Jugendlichen von der Insel nach Deutschland zu holen, sind nicht neu, die gibt es nicht erst, seitdem Moria abgebrannt ist. Die gab es schon vorher: Sie wurden nicht oder nur zögerlichst erfüllt.

Der Name «Moria» steht nicht erst heute für ein furchtbares Geschehen. Er steht für die Praxis des Menschenopfers und zugleich für dessen Abschaffung. Moria ist der Ort, an dem ein Vater seinen Sohn töten will – weil der Gott dies befiehlt. Der Vater ist Abraham, der Urvater und Namensgeber der abrahamitischen Weltreligionen; deren Urmythos ist die Erzählung von der «Bindung Isaaks». In der christlich-jüdischen Variante findet man die grausige Geschichte im Buch Genesis: Abraham soll zur Prüfung seines Gehorsams in Moria seinen Sohn Isaak töten – als Brandopfer, als Menschenopfer. Kinder opfern, um Gott zu befrieden. Abraham folgt der göttlichen Stimme; er hat seinen Sohn schon festgebunden auf den Holzscheiten und hebt das Messer – da öffnet sich der Himmel: «Leg deine Hand nicht an das Kind und tu ihm nichts», ruft ein Bote Gottes im letzten Moment und macht so dem schaurigen Spuk, der angeblichen Gehorsamsprüfung, ein Ende.

So sadistisch diese Geschichte anmutet, wenn man sie von ihrem Anfang her sieht, so humanisierend ist sie, wenn man sie von ihrem Ende her betrachtet. Religionsgeschichtlich markiert diese Erzählung einen Wandel im Gottesbild, nämlich die Abkehr von einem Gott, dem man Kinder opfern muss, um ihn zu befrieden. Es ist eine Geschichte, die empört und beunruhigt und provoziert, für heutige Leser wirkt sie archaisch und aus der Zeit gefallen. Sie ist aber nicht so aus der Zeit gefallen, wie man meint: Auch heute sind Menschen bereit, für einen Gott, für eine Religion, für eine höhere Sache Menschen zu opfern. Der fanatische Fundamentalismus handelt genau davon.

Ersetzen wir das Wort Gott durch ein anderes – durch das Wort «Realpolitik» zum Beispiel, oder durch das Wort «Sachzwänge»: Es gibt eine Politik, die den Tod von Menschen wegen angeblicher Sachzwänge, wegen höherer Interessen in Kauf nimmt. Diese Politik heißt Flüchtlingspolitik. Sie wird exekutiert im Mittelmeer. Die Zahl der Flüchtlinge, die dort ertrinken, steigt und steigt. Das Moria von heute liegt auf der Insel Lesbos, die Flüchtlinge waren nach dem Brand obdachlos, zum Teil nächtigten sie auf dem Friedhof. Der Himmel hat sich aber nicht geöffnet. Es gab keine Rettungsaktionen, die diesen Namen verdienten. Es gab keine Hilfe, die diesen Namen verdiente. Es gab das Versprechen von Deutschland und Frankreich, ein paar hundert Kinder aufzunehmen.

Der Brand hat die Blicke, aber auch die Gehässigkeiten nach Moria gelenkt: Wahrscheinlich waren es, so sagt es die griechische Regierung und so wiederholen es genüsslich die extremistischen Populisten in ganz Europa, Flüchtlinge, die das Lager angezündet haben. Wenn es wirklich so gewesen sein sollte – dann war es ein Fanal der Verzweiflung. Darf man deswegen die Hilfe verweigern, eine Hilfe, die obdachlose Familien, die verzweifelte Kinder bitter nötig haben? Darf man, wenn es so war, den Brandstiftern sagen: selber schuld? Schickt man bei einer Massenkarambolage, die ein betrunkener Autofahrer verursacht hat, die Rettungswägen nicht? In der Stunde der Not fragt man nicht, wie jemand in diese Not gekommen ist. Man hilft – so gut es nur geht. Danach, wer den Schaden angerichtet hat, fragt man später.

Die alten Moria-Bilder, von der Opferung des Isaak, hat Rembrandt gemalt, sie hängen in der Eremitage von Sankt Petersburg und in der Münchner Alten Pinakothek. Im Kölner Dom gibt es ein großes Mosaik davon. An Kloster- und Kirchenportalen findet man Reliefs. Heute gibt es die Bilder in den Fernsehnachrichten. Matteo Salvini, ein Politiker der rechtsradikalen Lega Nord, er war von Juni 2018 bis September 2019 italienischer Innenminister und stellvertretender Ministerpräsident, hat mit brutalpopulistischer Offenheit gesagt, worum es ihm bei der Flüchtlingspolitik geht: um «Menschenopfer», zur Abschreckung. Viele andere europäische Politiker denken das auch. Sie sagen das nur nicht so brutal. Und sie verweigerten sich einer großen Hilfsaktion für die obdachlosen Flüchtlinge des Lagers Moria, weil sie fürchteten, dass solche Hilfe neue Flüchtlinge anlocken könnte. Deswegen blieben die Bitten, die Forderungen von Teilen der deutschen Bürgergesellschaft, die Flüchtlinge in Deutschland aufzunehmen, unerhört.

Die Hilfsbedürftigen wurden Mittel zum abschreckenden Zweck. Ihnen wurde nicht geholfen, sie werden in den Dreck getreten. Die Regierungspolitik, zumal die der Christlich Demokratischen Union und der Christlich-Sozialen Union, fürchtet sich vor der AfD und deren Agitation. Diese Furcht ist größer als der Respekt vor den Grundsätzen der Menschlichkeit.

Sollen die Flüchtlinge halt nicht aufs Wasser gehen! Sollen sie nicht auf die Ägäis-Inseln drängen! Ich frage: Wenn Sie eine Mutter wären in der zerbombten syrischen Stadt Idlib, was würden Sie tun? Idlib war einst eine Provinzstadt mit offiziell 160 000 Einwohnern; nun leben hier eine Million Menschen, im Chaos. Idlib wird – so war das jedenfalls im Frühjahr 2020 – von einem islamistischen Bündnis kontrolliert. Raketen schlagen ein. Die Truppen Assads, unterstützt von der russischen Luftwaffe, standen nur wenige Kilometer vor der Stadt.

Das Regime betrachtet die Menschen in Idlib als Landesverräter, auch die Zivilisten, auch Frauen und Kinder. Angst geht um, schreckliche Angst. Beobachter bezeichnen die Region als Killbox. Wenn Sie eine Mutter wären, was würden Sie tun? Sie würden, irgendwie, irgendwo, mehr Sicherheit suchen. So viel Sicherheit wie möglich. Vor allem für Ihre Kinder. Idlib-Stadt ist dreißig Kilometer von der türkischen Grenze entfernt. Dort hat Erdoğan eine vierhundert Kilometer lange Betonmauer bauen lassen, um Flüchtlinge aufzuhalten. Türkische Soldaten schießen auf Menschen, die hinüberklettern wollen. Dutzende von Zeltstädten sind vor dieser Mauer entstanden. Wenn Sie als Familienvater mit Ihren Kindern in einer dieser windigen und eiskalten Zeltstädte hausen müssten, die sich dort gebildet haben – was würden Sie tun? Die Böden sind matschig von Regen und Schnee. Um sich vor dem Frost zu schützen, heizen die Flüchtlinge in ihren Zelten. Es sind nicht wenige erstickt an Kohlendioxidvergiftung. Kriminalität grassiert, Prostitution. Wenn Sie als ein Vater mit Ihren Kindern dort wären, was würden Sie tun?

An mehreren Stellen, so schreiben die Korrespondenten des Berliner *Tagesspiegel*, wurden Tunnel unter die Betonmauer gegraben. Schmuggler nehmen 300 Euro pro Person. Was würden Sie machen, wenn Sie noch Geld hätten? Aufgeben, umkehren? Was würden Sie machen, wenn Sie es als Vater oder Mutter, als Großvater oder Großmutter mit Kindern und Enkelkindern schon in den letzten Jahren in die Türkei geschafft hätten? Was würden Sie machen, wenn Präsident Erdoğan. Sie nun aus dem Land weisen, wenn er die Grenzen Richtung Griechenland, Richtung Europa öffnen würde? Sie würden vielleicht doch versuchen, der Not und Perspektivlosigkeit zu entrinnen, irgendwie. Und wenn Sie es versuchen, nachdem Ihnen Schmuggler das letzte Geld, das Handy und die Schuhe abgenommen haben, was würden Sie tun: Aufgeben? Umkehren? Was würden

Sie tun, wenn griechische und europäische Sicherheitskräfte Sie mit Tränengas beschießen? Wenn scharf geschossen wird, um Sie am Überqueren der Grenze zu hindern? Und was würden Sie hoffen, wenn Sie auf der Flucht Ihre Kinder verloren haben? Was würden Sie hoffen, wenn Sie Ihre Kinder irgendwo in dreckig-unsicherer Sicherheit glauben, in einem Lager auf den griechischen Inseln Lesbos, Kos, Samos oder Moria? Was wären Ihre ersten Gedanken, wenn Sie überhaupt nicht mehr wüssten, ob und wo Ihre Kinder leben? Was wären Ihre letzten Gedanken, wenn Sie, als Familie zersprengt, spüren, dass es mit Ihnen selbst zu Ende geht nach all den Strapazen?

Der Deutsche Bundestag hat mehrere Anträge der Grünen abgelehnt, wenigstens Frauen und unbegleitete Kinder aufzunehmen und aus dem Dreck und der Not der Flüchtlingslager auf den griechischen Inseln zu erlösen. CDU/CSU und SPD warten lieber auf europäische Initiativen, auf europäische Lösungen. Diese angeblichen europäischen Lösungen beruhten bisher auf dem jetzt gescheiterten Deal mit dem türkischen Präsidenten Erdoğan und auf dem Motto: «Aus den Augen, aus dem Sinn.» Was soll mit den Geflüchteten geschehen? Was sollen wir, was soll der Deutsche Bundestag, was soll die deutsche und die europäische Politik mit ihnen machen? Die Antwort auf diese Frage ist eine Schlüsselantwort: Handeln wir, wie wir behandelt werden wollten, wenn wir Flüchtlinge wären. Es ist dies eine Ur-Regel, die regula aurea, die Goldene Regel. Als Sprichwort lautet sie so: «Was du nicht willst, das man dir tu, das füg auch keinem andern zu.»

Niemand würde es wollen, dass man auf ihn oder seine Kinder mit Tränengas schießt. Niemand würde es wollen, dass er oder seine Kinder im Flüchtlingslager auf den griechischen Inseln verkommen. Auch Alexander Gauland und Alice Weidel würden das nicht wollen, auch die Pegidisten würden das nicht wollen. Handeln wir so, wie wir behandelt werden wollten, wenn wir Flüchtlinge wären: Die Konsequenz aus dieser Regel waren und sind die Flüchtlingskonventionen, die Charta der Menschenrechte, die Europäische Grundrechte-Charta. Es ist ein gewaltiger Fortschritt, dass es all dies gibt. Es war ein historischer Fortschritt, dass sich also die Völker und die Nationen verpflichtet haben, Flüchtlinge zu schützen. Aber das Papier allein schützt die Flüchtlinge nicht. Im Angesicht der Not der Flüchtlinge aus Syrien und aus den Hunger- und Bürgerkriegsländern Afrikas muss sich zeigen, ob diese Konventionen mehr sind als ein Wasserfall von Phrasen. Wenn europäische Kernländer Menschen in höchster Not nicht aufnehmen, weil sie angeblich den falschen Glauben oder die falsche Kultur oder Hautfarbe haben – dann ist das ein Hochverrat an den Werten, deretwegen die Europäische Union gegründet wurde, und ein Vorwand für verbrecherische Hitzköpfe, vermeintliche Notwehr zu üben gegen die Flüchtlinge.

Europa lebt nicht nur vom Euro; es lebt von seinen Werten, von der Glaubens- und Gewissensfreiheit, der Freiheit der Person, der Gleichheit der Menschen vor dem Gesetz und der Freizügigkeit. Europa lebt davon, dass es die Menschenwürde schützt. Die Menschenwürde ist nicht aus Seife, sie nützt sich nicht ab, nur weil es angeblich zu viele sind, die sich auf sie berufen. Handeln wir so, wie wir selbst behandelt werden wollten, wenn wir Flüchtlinge wären. Dieser Satz löst das «survival of the fittest» ab. Nicht Stärke und Anpassungsfähigkeit sind es, die das Leben sichern – nein, die Geltung des Rechts ist die Lebensversicherung. Wer das Recht, auch das Recht der Flüchtlinge, abwehrt, der verwandelt die Gesellschaft in ein Haifischbecken. Das Wesen des Rechts besteht darin, dass es aus dem Haifischbecken eine Gesellschaft formt. Handeln wir so, wie wir selbst behandelt werden wollten, wenn wir Flüchtlinge wären. Dieser Satz ist also nicht nur eine Grundlage für die Gewissenserforschung von Staats- und Kommissionspräsidenten, von Ministern,

Parlamentsabgeordneten und Parteipolitikern, er ist nicht nur moralische Handlungsanleitung für den politischen Betrieb und für jedermanns Alltag.

Handeln wir, wie wir behandelt sein wollten: Es ist dies eine Maxime, die Recht schafft. Handeln wir, wie wir behandelt sein wollten, wenn wir Flüchtlinge wären: Als moralischer Imperativ allein trägt nämlich der Satz nicht. Denn die Vorstellung, selber so ein elender, schutzbedürftiger Mensch zu sein, kann geradezu die Unmoral anstacheln, diese Vorstellung kann den Impuls verstärken, die Fremden abzuwehren, weil man den Anblick der Hilflosigkeit nicht erträgt. Es ist jedoch gerade das Recht, das verhindern soll, dass man selbst schutz- und hilflos wird. Das zu erklären, ist Aufklärung. Und diese Aufklärung ist nie zu Ende. Sie ist immer und immer wieder notwendig, weil das Recht nicht einfach da ist und dableibt, sondern immer wieder erkannt und verteidigt werden muss.

Die Gesellschaft in Deutschland ist – wie die in ganz Europa – hin- und hergerissen zwischen aufgeklärter Hilfsbereitschaft einerseits und Ratlosigkeit, Abwehr und Hetze andererseits. Viele sagen Ja zu den Flüchtlingen, darauf folgt, in verschiedener Größe, ein Aber; die Größe des Aber hängt auch und vor allem davon ab, wie die Politik agiert. Sie agiert nicht mit entschlossener Humanität, sie agiert mit Ausreden; wenn es um Hilfe geht, wartet jeder europäische Staat, bis der andere anfängt. Es gibt eine immer giftigere flüchtlingsfeindliche Szene, die nicht nur «Aber» sagt, sondern zu deren Kommunikationsmitteln Unverschämtheiten, Morddrohungen und Brandsätze gehören. Man darf sich nicht einschüchtern lassen von denen, die Gift und Galle spritzen und Brandsätze werfen, von denen, die nicht die Zivilgesellschaft, sondern die Unzivilgesellschaft repräsentieren. Es gibt auch Zigtausende von Menschen in Deutschland, die den Flüchtlingen helfen beim Deutschlernen, beim Umgang mit den Behörden, beim Fußfassen in diesem

Land. Es gibt die «Seebrücke», ein Netzwerk, das sehr erfolgreich dafür wirbt, dass Kommunen sich zum «Sicheren Hafen» erklären, auch wenn sie gar nicht am Wasser gelegen sind. Sie bringen ihre Stadträte dazu ihre Bereitschaft zu erklären: Schickt uns ein paar dieser Menschen, wir haben Platz, wir nehmen sie auf, auch wenn wir dann über unser gesetzmäßiges Kontingent gehen. Je mehr sichere Häfen es gibt, desto schwieriger wird es in Berlin, Nein zur Aufnahme zu sagen. Von ihnen soll sich die Politik beeindrucken lassen. Sie handeln nach der Regel: Handeln wir, wie wir behandelt werden wollten, wenn wir Flüchtlinge wären.

Viele EU-Regierungen träumen von einer Festung Europa – ohne daran zu denken, dass eine Festung ohne geöffnete Zugbrücken verfällt und verrottet. Wohlstand und Werte sollen, so die EU-Festungsfreunde, drinnen, die Not soll draußen bleiben. Die Festungsfreunde verkennen, dass es Werte nicht einfach gibt, sondern dass Werte nur dann etwas wert sind, wenn sie in der Not eingelöst werden. Es geht um das Ende der Globalisierung der Gleichgültigkeit. Handeln wir so, wie wir selbst behandelt werden wollen.

Endzeiterzählungen, Zombiegeschichten

++

Wie der Journalismus den Lockdown kommunikativ
vorbereitet, aber zur Folgenabwägung nicht viel
beigetragen hat.

++

Christoph Schlingensief war der närrische Heilige und geniale Wüterich der deutschen Kulturszene. 2010 ist er 50-jährig an Krebs gestorben. Die Filmemacherin Bettina Böhler hat zum zehnten Todestag einen Dokumentarfilm über ihn gemacht, der im Sommer 2020 in die Kinos gekommen ist: «Schlingensief – In das Schweigen hineinschreien». In das Schweigen hinein sagt dort Schlingensief den Satz, dass es ihm darum gehe, «in der übertriebenen Situation mehr Wahrheit zu finden». Die Kollegin Anke Dürr vom *Spiegel* hat gefragt, welche Wahrheit der Theater- und Filmregisseur Schlingensief hinter den Mund-Nasen-Schutz-Masken der Corona-Zeit entdeckt hätte. Wie sähe wohl, überlegt sie, seine Kunstaktion zur Corona-Pandemie aus? «Welches Masken-Drama hätte er, zusammen mit der Kostümbildnerin Aino Laberenz, seiner Frau, aus dem Paradox gemacht, dass noch vor Kurzem jeder als verdächtig galt, der sich verhüllte, egal ob aus politischen oder religiösen Gründen – und nun jeder eine potenzielle Gefahr ist, der das nicht tut?»

Hätte Schlingensief die Virologen und ihre Kritiker gleichermaßen kritisiert? Welche provokativen Aktionen hätte er inszeniert? Wie hätte er auf die Demonstrationen gegen die Anti-Corona-Maßnahmen reagiert, bei denen vom «Corona-Regime» fabuliert und davon geredet wird, dass man das Gefühl hat, «alle steckten unter einer Decke: Medien. Politik. Polizei»? Was hätte Schlingensief provozierend übertrieben, um «mehr Wahrheit zu finden»: die Schutzmaßnahmen oder die Rebellion gegen sie? Und welche Wahrheit hätte er in der Übertreibung entdeckt? Das ist eine Urfrage, die nicht erst in der Corona-Krise virulent geworden ist – aber dort wird sie immer wieder gestellt, dort wird unnachgiebig darüber gestritten, wo und auf wessen Seite sie ist. Der Graben zwischen Befürwortern, Kritikern und Verweigerern von Schutzmasken und sonstigen Anti-Corona-Maßnahmen zieht sich tief durch die Familien. Und jeder redet von Wahrheit. Jede Seite nimmt für sich in Anspruch, die Wahrheit zu sagen und sie auf seiner Seite zu haben.

Was ist Wahrheit? Weil die Frage eine Urfrage ist, muss man bei der Antwort ein wenig ausholen. Damit sind wir nämlich, so schnell geht das, bei Pontius Pilatus und der Bibel – bei einer Frage, die Theologen, Journalisten und Juristen seitdem gleichermaßen umtreibt. Pilatus hat mit dieser Frage auf die Auskunft von Jesus reagiert, dass er in die Welt gekommen sei, um «Zeugnis für die Wahrheit» abzulegen. Pilatus sagt darauf: «Was ist Wahrheit?» – und wendet sich ab, ohne eine Antwort abzuwarten. Was klingt hier an? Ein müder oder ein spöttischer Skeptizismus? Desinteresse? Abgeklärtheit? Zynismus? In diesem Dialog treffen zwei Verständnisse von Wahrheit aufeinander. Das griechische Verständnis der «Aletheia» (von lanthano, verbergen) ist «das Unverborgene». Das biblische Verständnis dagegen rührt aus einer ganz anderen Vorstellung: Wahrheit ist im Hebräischen «'emeth». Man kann das Wort nicht einfach mit Wahrheit übersetzen, weil es zur Gruppe der Wörter gehört, die das Begriffsfeld Vertrauen und Treue beschreiben. Es bedeutet

Zuverlässigkeit, Beständigkeit, Vertrauenswürdigkeit. Es ist ein Beziehungsbegriff.

«Zeuge der Wahrheit» sein – das erwartet die Gesellschaft von den Medien, von den Journalisten. Erwartet wird hier zuallererst, dass sie für «Aletheia» sorgen, dass sie das Verborgene aufdecken, dass sie den Teppich wegziehen, unter den Skandalöses gekehrt worden ist. Der Journalismus soll dubiose Waffengeschäfte enthüllen, er soll aufdecken, wo Reiche und Mächtige ihr Geld verstecken, um Steuern zu sparen, er soll politische Lüge und Korruption aufspüren. Die Wahrheit soll ans Licht.

Als, zum Beispiel, die Panama-Papers veröffentlicht wurden, war das so eine Licht- und Sternstunde. Diese Aufdeckungsarbeit aber ist nicht alles. Aufdeckung geschieht nicht um der Erregung willen, sondern um der Treue zu Demokratie und Rechtsstaat willen. Die journalistische Wahrheitssuche muss mit Neugier, Urteilskraft und Integrität betrieben werden, sie muss in Zuverlässigkeit, Vertrauenswürdigkeit und Vertrauen eingebettet sein.

Zwei wissenschaftliche Studien haben untersucht, wie es sich damit in der journalistischen Begleitung und Behandlung der Corona-Krise verhält. Die eine Studie stammt vom Schweizer Forschungszentrum Öffentlichkeit und Gesellschaft (fög) und befasst sich mit der «Qualität der Berichterstattung zur Corona-Pandemie»; sie kommt zwar zu einem tendenziell eher positiven Ergebnis, legt aber den Finger in einige tiefe Wunden, wie sie der Journalistikprofessor Klaus Meier von der katholischen Universität Eichstätt-Ingolstadt schon im April 2020 beschrieben hat: «zu wenig Einordnung, zu wenig Recherche, zu behördennah». Die andere Studie stammt von den Medienforschern Dennis Gräf und Martin Hennig, die an der Universität Passau arbeiten und mehr als 90 Sendungen von «ARD Extra» und «ZDF-Spezial» untersucht haben. Die Gräf/Hennig-Studie erhebt den Vorwurf, es werde nicht genügend differenziert; die

Sender hätten einen massenmedialen «Tunnelblick» erzeugt. Schon die Häufigkeit der Sondersendungen vermittle Zuschauern ein permanentes Krisen- und Bedrohungsszenario.

Die immer wieder gezeigten Bilder kenne man «aus Endzeiterzählungen und Zombiegeschichten», meinte der Literaturwissenschaftler Gräf. «Sondersendungen wurden zum Normalfall und gesellschaftlich relevante Themen jenseits von Covid-19 ausgeblendet», fasste Gräf gegenüber der Nachrichtenagentur epd zusammen. Der Schweizer Studie zufolge umfasste in den ersten Märztagen 2020 der tägliche Anteil journalistischer Beiträge mit Referenz auf Covid-19 zwischen 20 und 50 Prozent der gesamten Berichterstattung, von Mitte März bis Ende April waren es pro Tag zwischen 50 und 75 Prozent aller Beiträge. Im Herbst wurde es dann eher noch heftiger. Wann je in den vergangenen Jahrzehnten hat ein Thema so dominiert und andere wichtige Themen verdrängt? Die fög-Studie sagt: Vor allem in der Phase vor dem Lockdown «haben die Medien geholfen, den Lockdown kommunikativ vorzubereiten, aber wenig dazu beigetragen, mögliche Entscheidungen und Folgen des Lockdown im Vorfeld kritisch abzuwägen». Eine «systematische Auseinandersetzung mit der drastischsten Maßnahme, nämlich einem möglichen Lockdown ... findet in den untersuchten Medienbeiträgen nur am Rande statt».

Zur Pressefreiheit gehört auch die Selbstreflexion. Der Journalismus wird sich daher mit solchen Studien und Analysen befassen müssen. Das gehört zur Zuverlässigkeit, das schafft Vertrauen. Der Eichstätter Journalistikprofessor Klaus Meier meint: «Zumindest Teile des Journalismus sind im anhaltenden Rausch hoher Nutzungszahlen auf dem Weg vom Früh- zum Dauerwarnsystem». Das wäre nicht so gut. Dies könnte sich für die demokratische Gesellschaft noch als sehr problematisch erweisen. Die Presse ist nicht Lautsprecher der Virologie, sondern der Demokratie.

Einer der ganz frühen Sätze, die ich über den Journalismus gehört habe, war ziemlich böse. «Journalisten sind», so begann dieser Satz, «wie Schnittlauch. Sie schwimmen auf jeder Suppe.» Ich habe mir diesen Satz bis heute gemerkt, zur Warnung und zur Abschreckung. Damals, es war Mitte der siebziger Jahre, war ich Jurastudent und Stipendiat des IfP, des Instituts für Publizistischen Nachwuchs, also der katholischen Journalistenschule in München. Das erste Seminar im Rahmen dieser studienbegleitenden Ausbildung fand in Salzburg statt, im Gasthof Maria Plain. Einer der Referenten dort war der Medienwissenschaftler Heinz Pürer. Und der sagte in seinem Abendvortrag den genannten bösen Satz: «Journalisten sind wie Schnittlauch. Sie schwimmen auf jeder Suppe.»

Der Medienwissenschaftler Pürer war und ist nicht der Einzige, der so pointiert böse formuliert. Der französische Schriftsteller Honoré de Balzac hat das schon viel früher getan. In seinem Roman «Verlorene Illusionen» lässt er den jungen Denker Michel Chrestien sagen, dass im Journalismus «Seele, Geist und Denken» verschachert werden. Den Roman von Balzac habe ich erst gelesen, als ich selber schon Journalist geworden war. Aber der Vortrag von Pürer hat mich immerhin so abgeschreckt, dass ich mich erst einmal auf mein Jurastudium konzentriert habe, Staatsanwalt und Richter geworden und eigentlich nur durch Zufall doch wieder beim Journalismus gelandet bin. Vielleicht hatte ich den Medienwissenschaftler ja falsch verstanden. Vielleicht hatte er gar nicht den Ist-Zustand des Journalismus beschrieben, sondern nur die Gefahren, die ihm drohen: Aus einem Journalisten kann ein PR-Mensch werden, der so schreibt, wie es der Auftraggeber will und wie es neue Aufträge bringt. Ich will die PR-Leute nicht diskreditieren. Aber: PR und Journalismus, das sind zwei verschiedene Welten.

In mehr als dreißig Jahren Journalismus habe ich zwar ein paar Journalisten erlebt, wie Heinz Pürer sie vor Jahrzehnten beschrieben hat. Aber es waren nicht so viele. Die meisten Kolleginnen und Kollegen waren ganz anders, gar nicht schnittlauchartig. Ich habe wunderbare Kolleginnen und Kollegen erlebt, viele davon in Lokal- und Regionalredaktionen: neugierig, bissig, aufklärerisch, souverän und integer. Vielleicht lag das auch daran, dass zumindest die erste Hälfte meines journalistischen Lebens eine für die Medien auch wirtschaftlich glänzende, eine anzeigenstarke, paradiesische Zeit war. Aber es gibt kein Paradies ohne Schlangen. Journalismus verlangt, sich von den Schlangen nicht verführen zu lassen, ihnen zu widerstehen, wie immer sie auch heißen mögen. In Verlagen und Redaktionen können sie Spardruck heißen, Entlassungen, Auflösung von Redaktionen, Outsourcing von journalistischer Arbeit, Mainstream-Druck.

Die Pressefreiheit heißt Pressefreiheit, weil die Presse die Freiheit verteidigen soll. Es gilt heute, die Freiheit gegen das Coronavirus zu verteidigen. Die Verteidigung besteht heute darin, die Grundrechte zu schützen – zu schützen davor, dass das Virus und die Maßnahmen gegen das Virus von den Grundrechten nur noch die Hülle übriglassen. Pressefreiheit ist dafür da, die Bewegungsfreiheit, die Reisefreiheit, die Versammlungsfreiheit, die Gewerbefreiheit zu verteidigen. Eine Demokratie kann an Ausgangsbeschränkungen und Kontaktverboten sterben, so notwendig sie kurzzeitig sein mögen. Es ist Aufgabe der Presse, unverhältnismäßige Grundrechtseingriffe anzuprangern und nicht als Beitrag zur Volksgesundheit schönzureden. Die Presse ist nicht dafür da, den Menschen den Mund zuzubinden. Sie ist dafür da, die Menschen ins Gespräch zu bringen.

Es gibt Länder, in denen ist die Pressefreiheit oft nur zwei mal drei Meter groß, so klein wie eine Gefängniszelle. Immer unverhohlener versuchen Diktaturen, autoritäre und populistische Regime, unabhängige Informationen um jeden Preis zu unterdrücken. Zu den wichtigsten Beispielen für diesen Entwicklungstrend gehören China, Saudi-Arabien und Ägypten –

die drei Staaten, in denen weltweit die meisten Medienschaffenden wegen ihrer Arbeit im Gefängnis sitzen. Dort, in diesen Ländern, kämpfen Journalistinnen und Journalisten dafür, dass das eigentlich Selbstverständliche selbstverständlich wird – dass sie einigermaßen frei arbeiten können. Dort wissen die Menschen, was diese Pressefreiheit wert ist. Sie wissen es, wie es die ersten deutschen Demokraten gewusst haben, damals auf dem Hambacher Fest von 1832 und in der Deutschen Revolution von 1848, als alle politischen Sehnsüchte in diesem einen Wort mündeten: Pressefreiheit. Der Kampf gegen die Zensur war damals ein Kampf gegen die alte, repressive Ordnung. Und Pressefreiheit war für Leute wie Johann Georg August Wirth und Ludwig Börne so etwas wie ein Ur-Grundrecht und ein Universalrezept zur Gestaltung der Zukunft. Das ist nicht nur Geschichte. Die Pressefreiheit war und ist und bleibt ein Leuchtturm-Grundrecht.

Es gibt viele Länder, die diesen Leuchtturm ganz abgeschaltet haben. Es gibt Länder, in denen Journalisten damit rechnen müssen, dass die Geheimpolizei bei ihnen klopft oder gleich die Tür eintritt. In Ländern wie Deutschland mag einem heute die Pressefreiheit selbstverständlich vorkommen. Aber das Selbstverständliche ist nicht selbstverständlich; Pressefreiheit gedeiht nicht von selbst. Sie muss geachtet und gefördert werden, sie braucht Rahmenbedingungen, unter denen sie sich entwickeln kann. Dann ist sie ein ungeheurer Gewinn für die Demokratie. Wenn investigativer Journalismus in die dunklen Ecken des Gemeinwesens leuchtet, zeigen sich Aufklärungskompetenz und Aufdeckungsmacht der Presse in besonderer Weise. Es hat seinen Grund, warum es das Grundrecht der Pressefreiheit gibt: Pressefreiheit ist Voraussetzung dafür, dass Demokratie funktioniert.

Daher noch einmal der Satz, der in Corona-Zeiten besonders wichtig ist: Die Presse ist nicht dafür da, den Menschen den

Mund zuzubinden. Sie ist dafür da, die Menschen ins Gespräch zu bringen, ihre Freiheit zu ermöglichen und zu verteidigen.

2020, das Pandemiejahr, war auch das Jubiläumsjahr der SZ: 75 Jahre *Süddeutsche Zeitung*. Klassische Jubiläumsfeiern gab es wegen Corona nicht – keine Reden, keine Empfänge, auch kein Festessen in der Kantine; die Konferenzen, auch die Redaktionskonferenzen, in denen die SZ-Jubiläumsausgaben besprochen wurden, fanden unter Corona-Bedingungen statt, digital, per «Teams». Der SZ-Turm war gespenstisch leer. Aber die Zeitung war voll – nicht nur mit den raumgreifenden Corona-Meldungen, sondern auch mit Erinnerungen an damals, an die Zeit, in der die neue Zeit anfing.

Deutschland war ein Trümmerhaufen, München eine Schutthalde, als die erste Ausgabe der *Süddeutschen Zeitung* auf dem Marienplatz verteilt wurde; es gab noch kein Grundgesetz, es gab noch keine Landesverfassung, es gab nichts zu essen und es gab wenig Zuversicht. Die Heimkehrer aus dem Krieg hatten das Gefühl, dass es kein Zuhause mehr gibt. Zu Hause – das waren Gestank, Schwarzmarkt, Hunger, Diebstahl, Faustrecht und Betrug. Das war in Köln so und in Berlin, in Hamburg, Hannover, Dresden, Kassel und München. Im Inneren der Menschen setzte sich die äußere Verwüstung fort. Es war dies die Zeit, von der der Schriftsteller Heinrich Böll schrieb, dass manche Menschen es nur allmählich wagten, das Leben, ihr Leben wieder anzunehmen. Es gab freilich auch die anderen Überlebenden, die mit dem abwaschbaren Gewissen, die das Kunststück fertigbrachten, vor, in und nach der Nazikatastrophe politisch richtig zu liegen. In dieser Zeit erschien die *Süddeutsche Zeitung* zum ersten Mal. Vor 75 Jahren liefen die letzten Vorbereitungen. Am 6. Oktober 1945 wurde die erste Ausgabe der *Süddeutschen Zeitung* verteilt – sie hatte acht Seiten. Erscheinungsweise des neuen Blattes: zunächst nur zweimal in der Woche, es herrschte Papierknappheit. Die drei Gründerväter der

SZ – Edmund Goldschagg, Franz Josef Schöningh und August Schwingenstein – hatten die Lizenz Nummer 1 der Militärregierung Ost erhalten.

Die SZ war somit die erste deutsche Zeitung, die in Bayern mit Genehmigung der Amerikaner publiziert wurde. Die Zeitung wollte, so versprach es die erste Ausgabe, «als Stimme einer freiheitlichen Gegenwart all jenen jungen Kräften offenstehen, die an der geistigen und kulturellen Umgestaltung Europas mitwirken wollen.» Nach zwölf Jahren Lüge, so hieß es weiter, wolle die Zeitung beweisen, «dass noch echte demokratische Gesinnung in Deutschland lebt.» Das formulierte einen hohen, einen sehr hohen Anspruch.

Guter Journalismus, so meine ich, ist ein Journalismus, bei dem die Journalistinnen und Journalisten wissen, dass sie eine Aufgabe haben und dass diese Aufgabe mit einem Grundrecht zu tun hat: Artikel 5 Grundgesetz, Pressefreiheit. Nicht für jeden Beruf gibt es ein eigenes Grundrecht, genau genommen nur für einen einzigen. Umfragen über das Image von Journalisten fallen nicht sehr glänzend aus: Es ist nicht so gut, wie es sein müsste, und nicht so schlecht, wie es sein könnte. Der Journalismus darf der Aufgabe, die er in der demokratischen Mediengesellschaft hat, nicht nur numerisch nachkommen; Journalismus ist eine qualitative Aufgabe. Wenn Journalismus Qualität hat, ist er auf Imagekampagnen nicht angewiesen: Er braucht gute Journalisten. Ein Journalismus, dem die Leute trauen und vertrauen, ist heute so wichtig wie damals, 1945.

Die große Frage lautet nicht: Wie schafft man Klicks, Reichweite, Auflage? Die große Frage lautet: Wie schafft man Vertrauen? Dann kommen auch Klicks, Reichweite und Auflage. Schon in den sechziger Jahren des letzten Jahrhunderts ist die *Süddeutsche Zeitung* im britischen Unterhaus als eine «der Säulen der Demokratie in Deutschland» bezeichnet worden. Ihr gelang es, viele der guten und nicht wenige der besten deutschen

Journalisten zu versammeln. Hans Habe, der Schriftsteller und Journalist, stellte die erste Wochenendbeilage zusammen, Karl Valentin schrieb Geschichten im Lokalteil. Die Zeitung begleitete die Entnazifizierung, die Demokratisierung, das Wirtschaftswunder. Sie entwickelte sich zum nationalen Blatt, sie warb mit dem Motto: «In München geboren, in der Welt zu Hause». Ein besonderes Kennzeichen der Zeitung ist das Streiflicht – nicht ganz von der ersten Ausgabe an, aber fast. Seit 1946 steht das Streiflicht auf der ersten Seite, erste Spalte, links oben. Das Streiflicht ist das Revers der Zeitung, «die Nelke im Knopfloch», so hat einmal jemand über diese tägliche Glosse gesagt. Wer wissen will, was die *Süddeutsche Zeitung* ausmacht, der muss das Streiflicht lesen. Dort spürt man den Geist der Zeitung besonders; und vielleicht auch, warum sie so erfolgreich geworden ist. Die Glosse ist eine Sonderform des Kommentars – und damit sind wir bei meinem Lieblingsmetier.

Vor Jahren – ich hatte die Theodor-Herzl-Vorlesungen «zur Poetik des Journalismus» an der Universität Wien zu halten – habe ich versucht, meine Ansprüche an die Zeitung zu formulieren, in deren Redaktion ich zum Jahresanfang 1988 eingetreten bin: «Sie ist ein Blatt, das Reportagen, Analysen, Kommentare und Leitartikel so schreibt, dass es nicht nur ein Gewinn, sondern auch ein Genuss ist, sie zu lesen. Sie befriedigt Hunger und sie weckt Appetit. Sie ist ein Blatt sowohl für den Universitätsprofessor als auch für die Standlfrau vom Viktualienmarkt. Sie ist in der Lage, auch komplizierte Themen so darzulegen, dass der Experte das respektiert und der Laie es versteht.» So soll es sein; und so soll es bleiben. Mein journalistisches Lieblingsmetier war und ist der Kommentar, der Leitartikel, die Kolumne – also der Diskussionsbeitrag. Dessen Kraft hängt gewiss auch von der Auflage des Blattes ab, in dem er erscheint, von der Reichweite des Mediums also. Aber das allein ist es nicht. Ein lahmer Kommentar ist und bleibt ein lahmer Kommentar, ob er nun im *Sechs-Ämter-Boten* oder in der *Süddeutschen Zeitung* publiziert wird. Ein Kommentar soll nicht kaltlassen; er soll anregen oder aufregen, er soll entweder überzeugen oder zum Widerspruch herausfordern.

Ein Leitartikel oder ein Kommentar ist nicht dann demokratisch, wenn er danach trachtet, die Mehrheitsmeinung abzubilden; nichts wäre langweiliger – dann könnte man ja die Kommentare abwechselnd von Forsa und der Forschungsgruppe Wahlen schreiben lassen. Ein Leitartikel ist dann demokratisch, wenn er, sagen wir es ein wenig pathetisch, zum Gespräch verhilft. Ein guter Leitartikel ist wie ein Stein, den man ins Wasser wirft: Er verändert die Qualität des Wassers nicht, zieht aber Kreise. Damals, in meinen Vorlesungen an der Uni Wien, das war im Jahr 2011, habe ich die *Süddeutsche Zeitung* so vorgestellt und beschrieben: «Sie bietet umfassende und verlässliche Information. Sie ist Meinungsführer im politischen und gesellschaftlichen Diskurs. Sie ist ein Blatt, das Informationen sorgfältig überprüft, einordnet und analysiert. Sie ist ein Ort demokratischer und aufgeklärter Diskussionskultur». Dass das so ist und so bleibt, das wünsche ich der *Süddeutschen Zeitung* zum 75. Geburtstag.

Qualität kommt von Qual: Dieser Qualitätssatz steht in der Hamburger Journalistenschule, aber er gilt nicht nur für Journalistenschülerinnen und Journalistenschüler. Dieser Satz meint nicht, dass man die Leser und User mit oberflächlichem Journalismus quälen soll. Qualität komme von Qual: Dieser Satz verlangt von Journalistinnen und Journalisten in allen Medien, dass sie sich quälen, das Beste zu leisten; und er verlangt von den Verlegern und den Medienmanagern, dass sie die Journalisten in die Lage versetzen, das Beste leisten zu können. Dann hat der Journalismus eine gute, dann hat er vielleicht gar eine glänzende Zukunft, in und nach Corona-Zeiten.

Von Corona aufgefressen

++

Corona hat nicht nur Menschen befallen. Corona hat auch Themen aufgefressen. Debatten etwa über Abrüstung, Datenschutz, Drogenpolitik oder den Strafvollzug finden nicht mehr statt. Die Schicksale der Whistleblower Edward Snowden und Julian Assange werden nur noch wenig diskutiert. Und die Klimakatastrophe? Sie ist wegen Corona nicht kleiner geworden, spielt aber seit Corona eine viel kleinere Rolle als vorher.

++

Staatsbürger hinter Gittern. In den Corona-Wochen ist oft gefragt worden, was ein Lockdown mit den Menschen anrichtet. Das ist die Grundfrage auch beim Strafvollzug.[20] Vielleicht hat man in Corona-Zeiten, mit den Erfahrungen von Kontakt- und Ausgangssperren, ein Gefühl dafür, wie es den 65 000 Menschen ergeht, die in Deutschland im Gefängnis sitzen, als Strafgefangene oder als Untersuchungshäftlinge. Vielleicht kann man sich jetzt ein wenig vorstellen, wie diejenigen Menschen sich fühlen, bei denen die Lockerungen nicht schon nach ein paar Wochen kommen. Der Strafvollzug ist kein großes Thema mehr. Was richtet er an? Was macht er mit den Menschen? Strafvollzug ist ein Versuch, an Menschen, die man kaum kennt, unter Verhältnissen, die man nicht unbedingt beherrscht, Strafen zu vollstrecken, über deren Wirkung man zu wenig weiß.

Wie ein guter Strafvollzug aussehen könnte, das war vor Jahrzehnten ein großes Thema in Deutschland. Das ist lang her. Vor fünfzig Jahren sprach der damalige Bundespräsident Gustav Heinemann bei seinen Besuchen in Gefängnissen von den «Staatsbürgern hinter Gittern». An den Universitäten gab es vor Jahrzehnten «Knastfeste», die auf Missstände in den Gefängnissen aufmerksam machen wollten. Der Geist der 68er-Jahre rüttelte an den Gittern, oft und gern wurde von den «Unterprivilegierten» gesprochen und über die fehlende Kommunikation «von draußen nach drinnen». Ins Strafvollzugsgesetz des Bundes wurden im Jahr 1977 höchst anspruchsvolle Sätze geschrieben, zum Beispiel: «Im Vollzug der Freiheitsstrafe soll der Gefangene fähig werden, künftig in sozialer Verantwortung ein Leben ohne Straftaten zu führen». Lachhaft? Nein, aber schwer.

Vor Jahren habe ich mich einmal einige Tage selber einsperren lassen, zu Recherchezwecken. Das kam so: Auf einer jährlichen Tagung der Gefängnisspezialisten in der Katholischen Akademie von Stapelfeld hatte ich einen Vortrag gehalten. «Wohin fährt der Strafvollzug?» hieß, ein wenig neckisch, das Thema. «Spüren Sie doch einmal am eigenen Leib, wie sich das anfühlt», so hat damals, im November 2008, einer der Organisatoren der Tagung, der damalige Leiter der Justizvollzugsanstalt Oldenburg, zu mir gesagt. Ich habe die Einladung ins Gefängnis angenommen; ein paar Monate später saß ich drin: Keine Sonderbedingungen für Prantl, hatte der Direktor sein Personal angewiesen. Immerhin wussten die Vollzugsbeamten, dass ich nicht so richtig zu ihrer Klientel gehöre: kein Betrüger, kein Totschläger, kein Räuber, kein Drogist. Nur Journalist – der früher einmal drei Jahre bayerischer Richter, dann drei Jahre bayerischer Staatsanwalt gewesen war. «Neun Jahre» – das war das höchste Urteil, das ich einst als Richter gefällt hatte; auf «13 Jahre» hatte mein höchster Strafantrag als Staatsanwalt gelautet. Länger als eine Stunde war ich aber damals, als Justizjurist, nie im Gefängnis gewesen – immer nur kurz, zu einer Anhörung, zu einer Vernehmung.

Es ist ja so: Der Richter straft, aber er kennt die Strafe nicht, die er ausspricht. Als Journalist war ich dann immerhin eine gute Woche lang da: zunächst als unechter Häftling und dann als Praktikant, der das Vollzugspersonal bei der Arbeit begleitete. Zwischen mir und der Freiheit lagen zwanzig Türen und Gitter sowie 220 Videokameras. Aus meinen Aufzeichnungen von damals: «Neben den Zellentüren sind durchsichtige Plastikschilder an die Wand geschraubt, darunter Papierstreifen geschoben. Auf meinem steht nicht ‹Nummer 103›, sondern ‹Heribert Prantl›. Im Studenten- und im Altersheim sehen die Schilder ähnlich aus; aber es ist anders, seinen Namen neben der 15 Zentimeter dicken Stahltür zu lesen mit den vielen Riegeln und der Kostklappe. Man steht vor der beschrifteten Gefängniszelle wie vor dem eigenen Grabstein.

‹Ein Stück Tod mitten im Leben› sei die Haft, hat der Rechtsphilosoph Gustav Radbruch vor hundert Jahren geschrieben. Der moderne Strafvollzug soll aber nicht ein Stück Tod sein; er soll, so steht es im Gesetz, funktionieren wie eine Wiederauferstehung zu einem ‹Leben ohne Straftaten›. Tut er das? Kann er das?

Aufnahmestation, Zelle 5: Hierher werde ich, schon in schlabbrigen Anstaltsklamotten, von zwei Beamten geführt, ich ziehe das Wägelchen mit der Gefängnis-Grundausstattung und der Gefängniswäsche hinter mir her: ein billiges Besteck (‹Messer ungehärtet›), ein Trinkbecher, ein Frühstücksbrettchen, ein tiefer Teller; Zahnpasta, Zahnbürste, Einwegrasierer, ein Stück Rasierseife, ein Pinsel mit wenigen harten Borsten; vier Paar Wollsocken, Handtuch, Geschirrhandtuch, ein abgetragener Trainingsanzug, ein Schlafanzug mit der Aufschrift ‹Baseball

High 35›, Bettwäsche, Wolldecke, eine blaue Latzhose; Duschlatschen, Arbeitsschuhe, vier Unterhosen, vier Unterhemden, fein gerippt und mit dem ausgewaschenen Eindruck ‹JVA Oldenburg›.

Ich bin im ‹Alcatraz des Nordens›, einem Männergefängnis der Hochsicherheitsstufe, 310 Häftlinge, die eine Hälfte Straf-, die andere Untersuchungsgefangene. Außen herum eine Mauer, fast zwei Kilometer lang, sechseinhalb Meter hoch; zwei Meter versetzt nach innen ein zweiter Zaun aus Gittergeflecht, sensorgesichert; 220 Videokameras innen und außen. Fluchtversuche zwecklos. Wenn Wände reden könnten, die Zellenwände würden reden von Resignation, Wut, Gleichgültigkeit, von Melancholie, Misstrauen, Feindseligkeit, von Angst, Hass und Hoffnung. Gegen solche Gefühle hilft der Alarmknopf neben der Tür nicht. Der Knopf hat zwar neulich einem Strafgefangenen das Leben gerettet, der einen Herzinfarkt hatte. Der Knopf löst aber keinen Alarm aus, wenn ein Untersuchungshäftling sich aus seinem Bettzeug eine Schlinge dreht. Die ersten Tage in U-Haft sind die schlimmsten. Der Untersuchungsgefangene gilt zwar vor dem Gesetz als unschuldig. Aber was hilft ihm das, wenn sein bisheriges Leben zusammenbricht, wenn seine Zukunft nach Gefängniskost schmeckt, wenn er nicht weiß, was aus ihm, Frau, Kind und Arbeit wird? Diese Gefühle lassen sich nicht auf Einladung des Gefängnisdirektors simulieren. Gut situierte Häftlinge, solche wie ich, quälen sich mit der Frage, ob sie sich werden freikaufen können. Meistens klappt es. Die Gefängnispopulation ist auch deswegen nicht ein Abbild der Gesellschaft, sondern ein Abbild ihrer Unterschicht.

Das Gefängnis als Ort des sozialen Lernens? Meine ‹Hütte›, wie man im Jargon sagt, riecht verqualmt: Gefängniszellen gehören zu den wenigen Orten in Deutschland, wo noch geraucht werden darf. Die achteinhalb Quadratmeter sind viel sauberer als erwartet: gestrichener Betonfußboden, Schrank, Tisch, Pritsche,

Regal, das alles nicht aus Metall, sondern aus Holz; eine hölzerne Wandleiste gibt es zum Bilderaufhängen, Bilder direkt an die Wand zu kleben ist streng verboten – als Verstoß gegen das erste Gebot dieses Gefängnisses: ‹Die Anstalt muss immer sauber sein.› Die Wandleiste ist allerdings voll von weißen Flecken: Man nimmt hier Zahnpasta zum Ankleben der Bilder, meist herausgerissen aus der nur noch im Knast beliebten Erotikillustrierten Coupé. Kugelschreiber-Kritzeleien findet man auch auf der Bilderleiste: ein paar Zeichen auf Arabisch und ein ordentlich gereimter Zweizeiler auf Deutsch: ‹Der Papa sitzt im Zuchthaus – wie/im Hühnerstall das Federvieh›. Ein kleiner Fernseher steht vor dem Bett, Standard bei Untersuchungsgefangenen, das mindert die Selbstmordgefahr. In einer Ecke der Zelle führt die Tür zum abgetrennten, 1,2 Quadratmeter kleinen Klosett mit Waschbecken. Menschenwürde im Knast beginnt mit A – wie Abort. Es riecht zwar etwas streng, aber es gibt fließend warmes und kaltes Wasser. Warmwasser ist Knastkomfort, in den älteren Gefängnissen nicht vorhanden. Ich lese die drei DIN-A4-Zettel an der Innenseite meiner Zellentür, eine Art Haus- und Zellenordnung: ‹Sie haben die Anordnungen der Vollzugsbeamten zu befolgen, auch wenn Sie sich dadurch beschwert fühlen.› Ich sitze in einer Zelle im Erdgeschoss, vergitterter Blick auf ein paar Masten mit Videokameras, auf vier Obstbäume und auf den martialischen, auch nach oben vergitterten ‹Bärenkäfig›. Das ist der Auslauf für die zehn besonders gefährlichen Häftlinge der Sicherheitsstation, deren Zellen 23 Stunden am Tag verriegelt sind. Ich werde eingeschlossen und bin nun froh drum. Ich kann zwar nicht hinaus, es kann aber auch keiner von denen herein, die draußen im Gefängnishof ihre letzten Runden drehen.»

Mauern verhindern nicht nur den Ausbruch, sondern auch den Einblick: So habe ich das damals, 2009, als ich probeweise im Knast saß, aufgeschrieben. Die Debatte darüber, wie die Zustände in der Haft motivierender werden könnten, ist fast verstummt. Das liegt nicht an der Höhe der Gefängnismauern. Gewiss: Mauern verhindern nicht nur den Ausbruch der Gefangenen, sondern auch den Einblick der Öffentlichkeit. Aber das war immer so. Geändert hat sich vor bald eineinhalb Jahrzehnten, dass für den Strafvollzug nicht mehr der Bund, sondern die Länder zuständig sind. Das hatte die Föderalismusreform, gegen den Protest der gesamten Fachwelt, im Jahr 2006 verfügt. Die Bundesländer haben sodann ihre jeweils eigenen Strafvollzugsgesetze geschrieben – und die sind gar nicht so schlecht geworden, wie das damals befürchtet worden war. Der Wettlauf der Schäbigkeit, von vielen Wissenschaftlern vorhergesagt, hat nicht stattgefunden.

Aber: Es gibt seit der Föderalismusreform einen Quantitäts- und einen Qualitätsverlust in der öffentlichen Diskussion über den Reformbedarf im Strafvollzug. Es fehlen Diskussionsanstöße, weil das nationale Forum fehlt, wenn Bundestag und Bundesrat für dieses Thema nicht mehr zuständig sind. Es fehlen Diskussionsanstöße, wenn die Bundesjustizministerin sich zum Strafvollzug nicht mehr zu Wort meldet – und der Bundespräsident auch nicht. Die Debatte über den Strafvollzug ist leider zerstückelt und damit minimalisiert, sie fand und findet zwar noch in den einzelnen Ländern statt, aber sie findet nicht mehr zusammen. Die Föderalismusreform hat damit etwas Schlimmes angerichtet: Sie hat die Wissenschaft vom Strafvollzug marginalisiert – und sie hat die gesellschaftliche Debatte über den Strafvollzug gekillt.

Vor fünfzig Jahren war das, wie gesagt, ganz anders. Da war der Strafvollzug ein großes gesellschaftspolitisches Thema. Da hat der damalige Bundespräsident Gustav Heinemann immer wieder Gefängnisse besucht und dort die Einhaltung der Grundrechte angemahnt. Als «Staatsbürger hinter Gittern» redete er die Gefangenen bei seinen Besuchen in Haftanstalten an – und forderte den Strafvollzug dazu auf, die Grundrechte der Gefangenen zu achten: Der Schutz der Familien der Gefangenen, der durch Briefzensur und Besuchsverbote alles andere als gefördert werde, müsse endlich verstärkt werden. In der Gefangenenzeitung der Anstalt «Meisenhof» in Castrop-Rauxel war der Bundespräsident 1970 wie folgt liebevoll angekündigt worden: «Der Justav ist der Vater aller, oder?» Zum Abschied überreichte ein Gefangener dem Bundespräsidenten ein handgedrechseltes Kranichpärchen mit den Worten: «Aus Verehrung für den Mann, der die Freiheit so liebt.» Von solchen Leuten, die die Freiheit lieben, kann es auch heute gar nicht genug geben.

Mit Snowden kam es an den Tag.[21] Edward Snowden sitzt nun seit Jahren im Asyl in Moskau, ausgerechnet in Moskau. Es ist eine anhaltende Schande, dass ihm keine der westlichen Demokratien diesen Schutz vor US-Verfolgung angeboten hat, auch Deutschland nicht. Snowden war, Snowden ist ein Aufklärer. Er hat, das ist sein großes Verdienst, den Blick in eine von Geheimdiensten erfasste und überwachte Internetwelt geöffnet. Er berichtete von radikalen und globalen Überwachungstechniken zumal der US-Geheimdienste, die auf die Internetanbieter und auf die sozialen Medien umfassend zugreifen. Man kann das als digitale Inquisition bezeichnen.

Diese digitale Inquisition tut nicht körperlich weh, sie ist einfach da, sie macht die Kommunikation unfrei. Die freie Kommunikation ist aber, so sagt es das Bundesverfassungsgericht seit jeher, eine «elementare Funktionsbedingung eines auf Handlungsfähigkeit und Mitwirkungsfähigkeit seiner Bürger begründeten freiheitlichen Staatswesens». Die Richter warnen vor einer Gesellschaftsordnung, «in der Bürger nicht mehr wissen können, wer was wann und bei welcher Gelegenheit über sie weiß». Diese Warnung war noch nie so wahr und berechtigt wie heute. Der US-Geheimdienst hat sogar das Handy von Bundeskanzlerin Angela Merkel abgehört; als der US-Präsident zugesichert hat, dass das künftig unterbleibe, war die Bundesregierung schon wieder zufrieden. Für diese zufriedene Untätigkeit der deutschen Regierung gibt es eine verstörende Erklärung: Nicht nur der US-Geheimdienst betreibt diese exzessive Abhörerei. Auch der BND, der deutsche Auslandsgeheimdienst, betreibt sie. Der BND greift im Ausland bei seiner Kommunikationsspionage Daten so ungeniert ab, wie es der US-Geheimdienst in Deutschland tut. Das führt zum Ringtausch von Daten: Der BND lässt sich Daten, die er in Deutschland nicht erheben darf, von den Amerikanern geben, die diese deutschen Daten abgegriffen haben; der BND gibt dafür seine Erkenntnisse weiter, die er unkontrolliert im Ausland gewonnen hat. Miteinander verspeist man die Früchte des jeweils unrechtmäßigen Tuns. Mit Snowden kam es an den Tag.

Deshalb, so haben es die höchsten deutschen Richter in einem spektakulären Urteil angeordnet, muss der deutsche Geheimdienst sehr viel intensiver und besser kontrolliert werden als bisher. Die Notstandsverfassung von 1968 hatte dazu geführt, dass bei Grundrechtseingriffen durch Geheimdienste sogenannte parlamentarische Kontrollgremien an die Stelle der Gerichte treten. Diese Kontrollgremien sind: das Parlamentarische Kontrollgremium (PKGr) und die sogenannte G-10-Kommission (benannt nach dem Grundgesetzartikel, der die Kommunikationsfreiheit schützt). Das Parlamentarische Kontrollgremium hat neun Mitglieder, die G-10-Kommission hat vier Mitglieder. 13 Parlamentarier insgesamt – in Worten dreizehn! – sollen also die Arbeit von mehr als zehntausend deutschen Geheimdienstlern kontrollieren; sie sollen gewährleisten, dass die Eingriffe der Geheimdienste in Grundrechte rechtsverträglich sind. Das war und ist lächerlich, selbst wenn diese Abgeordneten rund um die Uhr arbeiten würden und sonst nichts mehr täten.

Das Bundesverfassungsgericht hatte dieses schwarze Loch bislang nicht ausgeleuchtet. Jetzt endlich. Geheimdienste, so das

Karlsruher Urteil in pointierter Kurzfassung, sind unheimlich, wenn sie nicht demokratisch kontrolliert werden. Ohne gute Kontrolle sind und bleiben Geheimdienste Fremdkörper in einer Demokratie. Erst gute Kontrolle macht die Geheimdienste demokratieverträglich. Karlsruhe fordert also von der Politik, für eine solche Kontrolle zu sorgen. Das war überfällig; die Skandale, die Snowden aufgedeckt hat, haben dieses Urteil erzwungen. Das Urteil ist also Snowdens Verdienst. Der Mann im Asyl in Moskau müsste deshalb eigentlich – gäbe es denn so etwas – zum Karlsruher Ehrensenator ernannt werden, zum Ehrensenator des Ersten Senats des Bundesverfassungsgerichts, der dieses Urteil erlassen hat. Zumindest könnte man dem vom Bundesverfassungsgericht geforderten Geheimdienstkontrollgesetz seinen Namen geben: «Edward-Snowden-Gesetz».

Wie notwendig so ein Gesetz ist, zeigt die bundesdeutsche Geschichte: Geheimdienstskandale pflastern den Weg der Bundesrepublik. Die Hälfte der parlamentarischen Untersuchungsausschüsse in Bund und Ländern haben sich mit den Geheimdiensten befasst – um im Nachhinein aufzuklären, was gute Kontrolle von vornherein hätte verhindern können oder müssen. Es gab eine Rekrutenvereidigung, bei der V-Männer als Steinewerfer erkannt wurden. Es gab Mordfälle, bei denen der Inlandsgeheimdienst die Aufklärung vertuschte und die Bestrafung der Täter vereitelt hat. Es gab Waffenlieferungen in Krisengebiete, die der Auslandsgeheimdienst organisierte. Es gab das Celler Loch: Der Landesgeheimdienst sprengte nach Absprache mit dem Ministerpräsidenten ein Loch in die Mauer des Gefängnisses von Celle, auf dass man sich beim Wähler als effektiver Terroristenverfolger empfehlen konnte. Opfer wurden Unschuldige, aber auch die Polizei, die an terroristische Aktionen glaubte; Parlament und die Öffentlichkeit wurden zum Narren gehalten. Es gab immer neue Skandale, aber nie eine grundlegende Reform, nie eine Neuordnung bei den Geheimdiensten, nie den umfassenden und erfolgreichen Versuch, die Kontrolle dieser Dienste effektiv zu verbessern – auch nicht nach dem NSU-Skandal.

Wie kann diese Kontrolle aussehen? Einen klugen Gesetzesvorschlag dafür gibt es seit fast 25 Jahren, damals hatte die SPD-Fraktion nach dem sogenannten Plutonium-Skandal einen Gesetzentwurf für ein Geheimdienstbeauftragten-Gesetz ausgearbeitet. Es muss per Gesetz die Institution eines Geheimdienstbeauftragten geschaffen werden, also eine Kontrollbehörde, die mit umfassenden Kompetenzen und umfassenden Mitteln ausgestattet wird – nach dem Vorbild des Wehrbeauftragten. Diese recht erfolgreiche und im Grundgesetz verankerte Institution des Wehrbeauftragten gibt es seit 1959 als Hilfsorgan des Bundestags bei der Ausübung der parlamentarischen Kontrolle der Bundeswehr.

Der Gesetzentwurf war das verzweifelte Fazit von drei SPD-Bundestagsabgeordneten nach ihrem schwierigen Versuch, die geheimdienstliche Operation «Hades» des BND im Plutonium-Untersuchungsausschuss aufzuklären: Ein hochgefährlicher Plutonium-Schmuggel von Moskau nach München im August 1994 war von vorn bis hinten eine Inszenierung des Geheimdienstes gewesen. Der BND hatte 363,4 Gramm Plutonium eingekauft, das dann, höchst riskant, nach München geflogen und dort spektakulär sichergestellt wurde. Ähnlich wie beim Celler Loch war es damals darum gegangen, vor der Landtags- und der Bundestagswahl von 1994 einen politisch nutzbaren Fahndungserfolg zu inszenieren. Deutsche Lockspitzel hatten so lange mit so viel Geld gewedelt, bis normale Kriminelle ins Nuklearschmuggelgeschäft einstiegen. Sie waren mit der Nase aufs Plutonium gestoßen worden – und der zu bekämpfende Markt war auf diese Weise geschaffen worden. Die Herkunft des Plutoniums konnte nie abschließend geklärt werden, einzig wurde festgestellt, dass es nicht aus Westeuropa stammte. Einer der

Täter gab an, vor den Gerichtsverhandlungen in München «massiv» durch Mitarbeiter des Bundesnachrichtendienstes bedrängt worden zu sein, um dort die Unwahrheit zu sagen.

Damals formulierten Otto Schily als stellvertretender SPD-Fraktionsvorsitzender, Peter Struck als Parlamentarischer Geschäftsführer der SPD und Hermann Bachmaier, der Sprecher der SPD im Untersuchungsausschuss zur Plutonium-Affäre, folgende Grundsatzkritik: «Wie zuletzt der Plutoniumdeal gezeigt hat, ist die Parlamentarische Kontrollkommission (Anm.: Heute heißt sie Parlamentarisches Kontrollgremium, PKGr) nicht in der Lage, die notwendige Kontrolle über die Nachrichtendienste und deren Koordination auszuüben, zumal ihr das tatsächliche und rechtliche Instrumentarium fehlt.»

Wie gesagt: Diese Analyse stammt vom 3. Juli 1996. 24 Jahre später stimmt sie noch immer. Damals haben die drei genannten Sozialdemokraten vorgeschlagen, «in Anlehnung an die Institution des/der Wehrbeauftragten des Deutschen Bundestags einen Geheimdienstbeauftragten einzurichten». Er sollte mit Zweidrittelmehrheit vom Bundestag gewählt werden; jederzeit alle Dienststellen der deutschen Geheimdienste besuchen dürfen; mit einer Behörde und EDV-Spezialisten ausgestattet werden; von Weisungen frei sein; mindestens einmal jährlich dem Bundestag einen Bericht vorlegen; jederzeit von den Präsidenten der Geheimdienste, vom Geheimdienst-Koordinator im Kanzleramt und von allen diesen unterstellten Dienststellen und Personen Auskunft und Akteneinsicht verlangen und «zusammenfassende Berichte über ihre Tätigkeiten» sowie Zeugen und Sachverständige anfordern können. Und jeder Mitarbeiter der Geheimdienste sollte sich ohne Einhaltung des Dienstweges unmittelbar an den Geheimdienstbeauftragten wenden können und deswegen «nicht dienstlich benachteiligt werden». Das sind auch die Vorstellungen, die der frühere Verfassungsschutz- und BND-Präsident Hansjörg Geiger im Jahr 2007 der Konrad-Adenauer-Stiftung in einer umfassenden Expertise vorgetragen hat. Dort widersprach Geiger dem ehemaligen Verfassungsschutzpräsidenten Peter Frisch, der befürchtet hatte, es könnte sich eine Art Gegnerschaft zwischen dem Beauftragten und den Diensten entwickeln. Die Erfahrung mit dem Wehrbeauftragten lehre das Gegenteil, meinte Geiger.

Die Vorschläge zur Geheimdienstkontrolle liegen also schon lang in der Schublade des Gesetzgebers. Sie können und müssen in der Zeit, die das Bundesverfassungsgericht gesetzt hat, herausgeholt und umgesetzt werden – bis Ende 2021 also, auch wenn nun alsbald der Bundestagswahlkampf beginnt. Die künftige Geheimdienst-Kontrollbehörde muss so ausgestattet werden, dass sie den Skandalen nicht hinterherläuft, sondern vorbeugend arbeitet. Mehr Kontrolle wird die Geheimdienste nicht schwächen, sondern stärken. Warum? Ein Geheimdienst wird besser, wenn die Bürgerinnen und Bürger, für die er arbeiten soll, dessen Arbeit nicht für suspekt halten müssen. Das ist gut für die Demokratie.

Assange helfen.[22]   Der Prozess, der am 24. Februar 2020 in London begann, war und ist einer der politisch ganz wichtigen in der jüngeren Geschichte. Es geht in diesem Prozess nicht nur um den Aufklärer Julian Assange, den Gründer der Internet-Plattform Wikileaks. Es geht in diesem Prozess nicht nur darum, ob dieser Mann an die USA ausgeliefert wird. Es geht in diesem Prozess auch um die Zukunft der Pressefreiheit. Lässt sich, das ist die Frage, ein rechtsstaatliches Gericht einbinden und einwickeln in den großangelegten US-Versuch, an Assange ein abschreckendes Exempel zu statuieren? In den USA drohen Assange 175 Jahre Haft, weil er die Kriegsverbrechen im Irak und in Afghanistan veröffentlicht hat. Journalismus wird als Spionage und Verschwörung verfolgt.

Das von Assange publizierte Material enthält auch das berüchtigte, schändliche Video aus einer Straße in Bagdad. Es zeigt, wie Piloten eines US-Kampfhubschraubers unschuldige Zivilisten niedermähen, darunter zwei Reuters-Journalisten. Man wird Zeuge eines Kriegsverbrechens: «He is wounded», hört man einen Amerikaner sagen. «I'm firing.» Und dann wird gelacht. Ein Minibus kommt angefahren, der die Verwundeten retten will. Der Fahrer hat zwei Kinder dabei. Man hört die Soldaten sagen: Selber schuld, wenn er Kinder aufs Schlachtfeld bringt. Und dann wird gefeuert. Der Vater und die Verwundeten sind sofort tot, die Kinder schwer verletzt. Verfolgt wurden nicht die Täter solcher und anderer Massaker; verfolgt wurden nicht die Kriegsverbrecher, die Todesschützen, die Vergewaltiger in Uniform. Verfolgt werden die, die deren Taten publizieren. Die US-Behörden bezeichnen das als «Verbreitung geheimer Informationen», als «Verschwörung» und «Spionage». Der US-Außenminister und frühere CIA-Chef Mike Pompeo hat deshalb Wikileaks als Terrororganisation bezeichnet.

Worin besteht der angebliche Terror? Er besteht in der Aufdeckung von Terror. Aus Journalismus wird auf diese Weise Spionage. Die Aufdeckung von Verbrechen wird selbst zum Verbrechen. Der Antrag, Julian Assange auszuliefern, gehört zu den Kampagnen, die die USA gegen Whistleblower, Aufklärer und Aufdecker betreiben. Sie haben Kampagnen der Verhöhnung und Verleumdung in den vergangenen Jahren schon betrieben. Warum? Aufklärer, Whistleblower, Journalisten sollen es sich künftig lieber dreimal überlegen, ob sie sich mit dem Staat wegen der Aufdeckung von Missständen, Vergehen und Verbrechen anlegen. «Denk an Assange» – soll es künftig heißen. Wenn das so ist und weil das so ist, ist die Pressefreiheit in höchster Gefahr. Am 4. Januar 2021 entschied ein Londoner Gericht, dass Assange nicht an die USA ausgeliefert werde; allerdings kündigten die USA eine Berufung an.

Wer Julian Assange verteidigt, verteidigt die Pressefreiheit. Das ist so, ob einem dieser Julian Assange nun sympathisch ist oder nicht, ob man ihn nun mag oder nicht. Der kranke Whistleblower im Hochsicherheitsgefängnis ist ein Märtyrer der Aufdeckung. Auch wer ihn nicht mag, muss Mitleid mit ihm haben. Das gilt nach wie vor und das gilt erst recht, wenn der Hauptvorwurf gegen ihn – der Vorwurf der Vergewaltigung – sich nicht mehr halten lässt. Zu dem schlechten Ruf von Assange haben vor allem die mittlerweile eingestellten Ermittlungen wegen Vergewaltigung in Schweden wesentlich beigetragen.

Es gibt den Verdacht, dass diese Ermittlungen Teil einer gezielten Ruf- und Persönlichkeitszerstörungskampagne der USA waren. Diese Einschätzung hegt nicht ein Spinner, sondern Nils Melzer, der UN-Sonderberichterstatter für Folter, ein regierungsunabhängiger Experte für humanitäres Völkerrecht aus der Schweiz, Professor an der Universität Glasgow und der Genfer Akademie für Menschenrechte. Er spricht von einem mörderischen System, das sich vor unseren Augen kreiert. Er selbst sagt von sich, dass er – geprägt von den öffentlichen Narrativen – ursprünglich gar nicht an den Fall Assange heranwollte. Er hat Assange dann doch im Mai 2019, als ihm die ecuadorianische Botschaft in London nach sieben Jahren das Asyl entzogen hatte, im Hochsicherheitsgefängnis Belmarsh in Begleitung von zwei Ärzten besucht. Er hat die Ermittlungsakten der schwedischen Behörden studiert – seine Mutter ist Schwedin, er beherrscht die Sprache. Melzer berichtet heute von einer konstruierten Vergewaltigung, von einer systematischen Verleumdungskampagne, von manipulierten Beweisen in Schweden. Er berichtet von politischem Druck auf die Ermittlungsbehörden dort, das Verfahren gegen Assange nicht zu eröffnen, sondern über neun Jahre ohne Anklage und folglich ohne Prozess und Möglichkeit zur Verteidigung für den Beschuldigten in der Schwebe zu halten.

Nils Melzer referiert aus vorliegenden Dokumenten, die Anwälte von Assange hätten den schwedischen Behörden während der vielen Jahre, in denen Assange in der ecuadorianischen Botschaft in London im Asyl lebte, über dreißig Mal angeboten, dass Assange nach Schweden komme – im Gegenzug für eine Zusicherung der Nichtauslieferung an die USA. Die Schweden weigerten sich. «Wir müssen aufhören zu glauben, dass es hier wirklich darum gegangen ist, eine Untersuchung wegen Sexualdelikten zu führen», sagt Melzer. «Was Wikileaks getan hat, bedroht die politischen Eliten in den USA, England, Frankreich und Russland gleichermaßen.» Wikileaks veröffentliche nun einmal geheime staatliche Informationen, Wikileaks sei «Anti-Geheimhaltung». Und das werde in einer Welt, in der auch in sogenannten reifen Demokratien die Geheimhaltung überhandgenommen habe, als fundamentale Bedrohung wahrgenommen.

In *Republik.ch*, dem schweizerischen Internet-Magazin für Politik, Wirtschaft, Gesellschaft und Kultur, hat sich Melzer über seine eigenen anfänglichen Vorurteile gegen Assange wie folgt geäußert: «Stellen Sie sich einen dunklen Raum vor. Plötzlich richtet einer das Licht auf den Elefanten im Raum, auf Kriegsverbrecher, auf Korruption. Assange ist der Mann mit dem Scheinwerfer. Die Regierungen sind einen Moment lang schockiert. Dann drehen sie mit den Vergewaltigungsvorwürfen den Lichtkegel um. Ein Klassiker in der Manipulation der öffentlichen Meinung. Der Elefant steht wieder im Dunkeln, hinter dem Spotlight. Stattdessen steht jetzt Assange im Fokus und wir sprechen darüber, ob er in der Botschaft Rollbrett fährt, ob er seine Katze richtig füttert. Wir wissen plötzlich alle, dass er ein Vergewaltiger ist, ein Hacker, Spion und Narzisst. Und die von ihm enthüllten Missstände und Kriegsverbrechen verblassen im Dunkeln. So ist es auch mir ergangen. Trotz meiner Berufserfahrung, die mich zu Vorsicht mahnen sollte.» Melzer hat, unter anderem, zwölf Jahre lang für das Komitee vom Internationalen Roten Kreuz in Kriegsgebieten gearbeitet.

Der Fall Assange zeigt, wie die USA Kriege führen. Die Forderung an Großbritannien, Assange auszuliefern, ist ein Teil davon. Das erste Opfer des Krieges ist die Wahrheit, sagt das Sprichwort. Dass es erst so spät Aufmerksamkeit und Unterstützung für Assange gibt, ist Teil des mörderischen Systems, wie es Nils Melzer nennt. So funktioniert Folter: Sie soll nicht zum Handeln bringen, sondern soll es lähmen. Sie soll nicht zum Reden bringen, sondern zum Schweigen. Sie will die Persönlichkeit ihres Opfers zerstören und es «auf die Stufe eines Tieres herabsetzen», wie Sartre es formulierte. Folter soll nicht geheim bleiben, sie soll aber auch nicht ganz und gar öffentlich werden. Sie soll halböffentlich werden, so erreicht sie ihr Ziel: einschüchtern, Angst verbreiten, Kontrolle ausüben. Darum: Wir müssen den Scheinwerfer wieder umkehren. Die Schweinereien müssen ins Licht.

Abrüstung ist die neue Befreiung.[23] Es gab eine Zeit in Deutschland, in der der Pazifismus eine Massenbewegung war. Man sah diesen Pazifismus jeden Tag in der «Tagesschau»; er lief mit Transparenten durch die Fußgängerzone; er saß mit Plakaten vor dem Eingangstor der Kaserne. Es war die Zeit der Menschenketten, der Friedensfackeln und der Großdemonstration im Bonner Hofgarten. Es sollte die atomare Nachrüstung verhindert werden, die dann doch kam und in neue Abrüstung mündete. Damals, es war in den frühen achtziger Jahren des vorigen Jahrhunderts, bestand die halbe Bundesrepublik aus atomwaffenfreien Zonen, jeder zweite Deutsche hatte große Sympathien für die Friedensbewegung. Frieden war machbar, Herr Nachbar. Es ist lange her.

Heinrich Böll blockierte in Mutlangen, zusammen mit anderen Prominenten, das Tor der US-Kaserne, in der die *Pershing*-Raketen stationiert wurden. «Wahnsinn, einfach Wahnsinn» sei die atomare Nachrüstung, klagte der Literaturnobelpreisträger von 1972. Später zogen Scharen von Namenlosen auf die Alb und stoppten die Konvois mit den Raketen, oft bloß für ein paar

Minuten. In den Augen der Amtsrichter von Schwäbisch Hall war das gleichwohl verwerfliche Nötigung: Die Justiz strafte und strafte, und wer seine Geldstrafe nicht zahlte, weil er glaubte, dass sein Protest gegen die Nachrüstung richtig und zur Friedenssicherung wichtig war, der musste hinter Gitter. Zwar waren da die Waffen, gegen die sich der Protest gerichtet hatte, längst abgezogen und verschrottet, im Zuge der von den Großmächten 1987 im INF-Vertrag vereinbarten Abrüstung. Aber die deutsche Justiz vollstreckte die Strafen immer noch – bis das Bundesverfassungsgericht 1995 seine spektakulären Beschlüsse fasste: Sitzblockaden, so die höchsten Richter, sind keine Gewalt, können daher auch nicht als Nötigung bestraft werden. Der Staat hatte geirrt.

Das ist nun Jahrzehnte her, aber nicht einfach nur Geschichte; es ist wichtig für die aktuelle Politik. Denn es war dies die Zeit, in der Rolf Mützenich, der heutige Fraktionschef der SPD im Bundestag, der den Abzug der noch verbliebenen US-Atomwaffen auf deutschem Boden verlangt, politisch sozialisiert wurde. Er hat erlebt, wie seinerzeit SPD-Politiker, die die Nachrüstungspolitik von Kanzler Helmut Schmidt als «politische Schweinerei» bezeichnet hatten, aus der SPD ausgeschlossen wurden. Er hat erlebt, wie die Schmidt-SPD die Friedensbewegung aus der Sozialdemokratie hinausgekelt und damit zur Gründung der grünen Partei beigetragen hat. Mützenich schrieb damals an der Uni Bremen seine Diplom- und seine Doktorarbeit über «Atomwaffenfreie Zonen und internationale Politik». Soeben hat er verlangt, die sogenannte nukleare Teilhabe Deutschlands zu beenden.

Teilhabe ist ein Begriff, den man heute eigentlich aus dem Behindertenrecht kennt. Das «Bundesteilhabegesetz» von 2016/2017 beschreibt, wie die selbstbestimmte Integration behinderter Menschen im Arbeitsleben funktionieren soll. So ähnlich betrachtet das Konzept der Abschreckungspolitik innerhalb der

Nato die Mitgliedstaaten, die keine eigenen Atomwaffen haben; sie werden deshalb in die Planung und den Einsatz der Atomwaffen durch die USA einbezogen. Das sieht im Fall Deutschlands wie folgt aus: Am Bundeswehr-Fliegerhorst Büchel in Rheinland-Pfalz, dem letzten von einstmals vielen deutschen Standorten für US-Atomwaffen, sind derzeit 20 verschiedene Wasserstoffbomben stationiert. Sie wurden im Herbst 2019 modernisiert, indem eine neue Software aufgespielt wurde; zu diesem Zweck wurden sie kurzzeitig in die USA ausgeflogen und dann wieder zurückgebracht. Nur der amerikanische Präsident kann diese Atomwaffen mit einem speziellen Code freigeben, und nur US-Soldaten können diese Atomwaffen scharf machen; sie werden aber dann, das ist die «Teilhabe», von einem deutschen Kampfjet «ins Ziel getragen», wie es heißt, also abgeworfen. Das wird von Bundeswehrsoldaten auch trainiert.

Für diesen Zweck ist derzeit nur die schon gealterte deutsche *Tornado*-Flotte geeignet; andere Flugzeuge verfügen nicht über die benötigten Fähigkeiten. Die *Tornados* werden aber 2030 ausgemustert. Deshalb will die Verteidigungsministerin 45 *F-18*-Kampfjets von McDonnell Douglas (Boeing) kaufen, die dann in Zukunft die Aufgabe der «nuklearen Teilhabe» übernehmen sollen. Das ist der Punkt, an dem Mützenich einhakt, er will diese Teilhabe nicht mehr. Mit SPD-Chef Norbert Walter-Borjans hat er sich für einen Abzug der Atombomben ausgesprochen. Außenminister Heiko Maas, auch SPD, hat ihm widersprochen, und die Union ist über Mützenich empört; die «Sprunghaftigkeit» des US-Präsidenten Trump ändere, meint sie, nichts an der Verlässlichkeit des Partners USA.

Die deutsche Politik war sich in der Forderung nach Abzug der Atomwaffen früher schon einmal einig: Im März 2010 beschloss der Bundestag mit breiter Mehrheit, auch mit den Stimmen der Union, die Bundesregierung solle sich «mit Nachdruck für den Abzug einsetzen». Frank-Walter Steinmeier (SPD), der heutige Bundespräsident, hatte das als Außenminister der SPD schon 2009 verlangt; Guido Westerwelle wiederholte das als sein FDP-Nachfolger im Jahr 2010. Auch im Koalitionsvertrag der schwarz-gelben Regierung hatten Union und FDP den Abzug der Waffen vereinbart. Das entspricht dem 2 + 4-Vertrag von 1990 «über die abschließende Regelung in Bezug auf Deutschland», in dem sich die wiedervereinigte Republik verpflichtet, dass «von deutschem Boden nur Frieden ausgehen wird», auch indem Deutschland auf jegliche Verfügung über atomare Waffen verzichtet.

Die Rechtslage ist klarer als die politische Lage: Der Internationale Gerichtshof entschied 1996, dass der Einsatz und die Androhung des Einsatzes von Atomwaffen grundsätzlich völkerrechtswidrig seien. Und im Grundgesetz steht in Artikel 25, dass die Regeln des Völkerrechts «Bestandteil des Bundesrechts sind» und «Rechte und Pflichten unmittelbar für die Bewohner des Bundesgebiets» erzeugen. Zu den Bewohnern des Bundesgebiets zählen auch der Außenminister von der SPD und die Politiker der CDU/CSU. Sie sollten sich nicht um nukleare Teilhabe sorgen, sondern um die Teilhabe an neuen Abrüstungsinitiativen. Das ist eine europäische Aufgabe. Warum?

Ein Krieg mit Atomwaffen wäre das Ende Europas. Das Gedenken an den 75. Jahrestag des Endes des Zweiten Weltkriegs, genannt Befreiung, liegt hinter uns. Abrüstung ist nun die neue Befreiung.

Eine neue Friedensbewegung?[24] Auf dem Papier steht Deutschland vorzüglich da. Auf dem Papier gibt es in der Bundesrepublik viele politische Grundsätze und Richtlinien zur Kontrolle von deutschen Rüstungsexporten. Einige dieser Grundsätze sind relativ neu. Sie lesen sich sehr gut; sie sind aber nicht gut, weil es sich nicht um rechtsverbindliche Regeln handelt. Unter das strenge Kriegswaffenkontrollgesetz fällt nur ein kleiner Teil der Rüstungsgüter; die große Mehrheit der Rüstungsgüter fällt unter das Außenwirtschaftsgesetz. Pistolen, Revolver und die meisten Gewehrmodelle («Kleinwaffen» genannt) werden nach diesem vergleichsweise lockeren Gesetz behandelt. In den «Politischen Grundsätzen» der Bundesregierung von 2019 wird dazu ausgeführt, dass es ein übergeordnetes Ziel der staatlichen Rüstungsexportpolitik sei, das Risiko der Weiterverbreitung dieser sogenannten Kleinwaffen und der leichten Waffen zu minimieren.

Es wäre schön, wenn es so wäre; es ist aber nicht so. Die genannten Grundsätze können von der Bundesregierung und von den Rüstungsfirmen ohne rechtliches Risiko ignoriert werden. In Wirklichkeit ähnelt das deutsche Konstrukt der Rüstungskontrolle daher nach wie vor einem Schweizer Käse. Opfer der alten Löchrigkeit und der neuen Halbherzigkeit sind Menschen wie Innocent Opwonya aus Uganda. Er war noch keine zehn Jahre alt, als er als Kindersoldat rekrutiert wurde. Die Waffe, mit der er kämpfen musste, war ein deutsches Sturmgewehr. Innocent Opwonya berichtet heute, Jahre später, so darüber: «Als mein zehnter Geburtstag nahte, trat der Teufel über meine Türschwelle. Ich wurde nachts von der Lord's Resistance Army entführt und zu einem ihrer Verstecke in der Darfur-Region im heutigen Südsudan gebracht. Ich war noch so jung und musste mit ansehen, wie mein Vater direkt vor meinen Augen erschossen wurde, als er versuchte, mir zu helfen. Ich hatte keine Alternative, ich musste eine Waffe in die Hand nehmen und um mein Überleben kämpfen. Die Waffe, die ich von den Rebellen bekam, war ein deutsches G-3-Sturmgewehr.»

Die Studie, welche die beiden Hilfsorganisationen Brot für die Welt und Terres des Hommes dazu vorgelegt haben, heißt: «Kleinwaffen in kleinen Händen»; der Untertitel: «Deutsche Rüstungsexporte verletzen Kinderrechte». Darin geht es vor allem um die Rüstungsexporte, die schwere Verletzungen von

Kinderrechten begünstigen. Es ist dies eine sehr brisante Studie, weil sich Deutschland als treibende Kraft sieht bei den Bemühungen zum Schutz von Kindern in Konfliktregionen – und sich etwas darauf zugutehält. Die Studie sieht das anders: Sie zeigt auf, welche fatalen Auswirkungen bewaffnete Gewalt in Krisengebieten auf Kinder und Jugendliche hat; und sie legt dar, dass fast alle Staaten, denen von den Vereinten Nationen schwere Kinderrechtsverletzungen vorgeworfen werden, seit 2014 deutsche Waffen erhalten haben. Das ist das Fazit vom Autor der Studie, Christopher Steinmetz, vom Berliner Informationszentrum für Transatlantische Sicherheit. Seine Studie dokumentiert deutsche Genehmigungen für Rüstungsexporte in zahlreiche Konfliktländer – und macht deutlich, dass Deutschland damit gegen seine völkerrechtlichen Verpflichtungen verstößt. In den Jahren von 2015 bis 2019 hat Deutschland allein an Länder der saudisch geführten Militärkoalition im Jemen Rüstungsexporte im Wert von mehr als 6,3 Milliarden Euro genehmigt.

Drei Faktoren befördern die ungehinderte Verbreitung deutscher Waffen und deutscher Munition: Lizenzproduktion, unkontrollierte Weitergabe und Munitionsexporte. Diese Erkenntnis muss Auswirkungen haben auf die deutsche Rüstungsexportpolitik: Es braucht nicht nur ein Kriegswaffenkontrollgesetz, es braucht ein umfassendes Rüstungsexportkontrollgesetz, das auch die Exporte sogenannter «Kleinwaffen» wie Sturmgewehre verbietet; es braucht einen Stopp aller Rüstungsexporte in kriegführende und menschenrechtsverletzende Staaten. Womöglich ist diese neue Studie die Initialzündung für einen neuen Friedensappell, der «Abrüsten statt Aufrüsten» heißt. Eine Initiative dieses Namens (getragen unter anderem von Vertretern der Welthungerhilfe, von Greenpeace, DGB, IG Metall, Ver.di, dem Friedensratschlag, dem Deutschen Kulturrat und Fridays for Future) hat einen «Frankfurter Appell» publiziert und ruft zum bundesweiten Aktionstag auf; er soll die

Proteste gegen die Haushaltsberatungen des Bundestags einleiten, bei denen es unter anderem um die Steigerung der Rüstungsausgaben geht – zum Beispiel für waffenbestückte Drohnen oder für das Technische Luft-Verteidigungs-System TLVS; Experten schätzen dessen Kosten bis zum Jahr 2030 auf 13 Milliarden Euro.

Der neue «Frankfurter Appell» bezieht sich ausdrücklich auf den «Krefelder Appell» gegen den Nato-Doppelbeschluss, der jetzt genau vierzig Jahre alt ist. Diesem «Krefelder Appell» haben sich damals, im Jahr 1980, fünf Millionen Menschen angeschlossen; er spielte eine wichtige Rolle für die damalige Friedensbewegung. Der «Krefelder Appell» hatte sich in den frühen achtziger Jahren gegen die Stationierung von neuen atomaren Mittelstreckenraketen in Westeuropa gewandt. Damals, es war die Zeit der Menschenketten und der Friedensfackeln, war der Pazifismus eine Massenbewegung; jeder zweite Deutsche hatte große Sympathien für die Friedensbewegung. Der Sticker mit der weißen Taube auf blauem Grund war damals auch so eine Art Mitgliedsausweis für eine Massenbewegung, die für die Mehrheitskultur der achtziger Jahre stand. «Auf- und Hochrüstung ist keine Antwort», heißt es in dem Appell.

Die neue Friedensinitiative wendet sich gegen das Nato-Ziel, zwei Prozent des Bruttoinlandsprodukts für militärische Zwecke auszugeben. Die Zwei-Prozent-Zahl ist ziemlich irrational; rational ist aber die Rechnung, die sich dem anschließt: Deutschland müsste 70 bis 80 Milliarden Euro für Aufrüstung ausgeben, horrend mehr als die aktuellen 50 Milliarden. Die Verteidigungsministerin Annegret Kramp-Karrenbauer (CDU) hat in einer Grundsatzrede noch vor der US-Wahl der Nato und den USA versprochen, dass die deutschen Verteidigungsausgaben steigen werden. Bundeskanzlerin Angela Merkel hat diese Zusage bekräftigt. Der «Frankfurter Appell» hält dagegen: «Auf- und Hochrüstung ist keine Antwort auf die großen Herausforderungen unserer Zeit. Sie verschärft die Gefahr neuer Kriege und verschwendet wertvolle Ressourcen, die für eine friedliche Weltordnung dringend gebraucht werden – für den Klimaschutz, die Bekämpfung der Fluchtursachen, die Entwicklungszusammenarbeit und die Verwirklichung der Menschenrechte.» Die doppelte Gefahr eines «Selbstmords der menschlichen Zivilisation» sei denkbar geworden – durch die Hochrüstung und durch die ungelösten sozialen und ökologischen Krisen.

Zwischen Aufrüstung und Abrüstung gibt es allerdings noch etwas Drittes: die Ausrüstung. Die Bundeswehr ist fraglos marode – materiell und organisatorisch. Um das zu ändern, braucht es die finanziellen Mittel dafür, aus Verantwortung für die Soldaten. Die Soldatinnen und Soldaten, die im Auftrag der Bundeswehr arbeiten, sollten so ausgerüstet werden, dass sie «aus den Einsätzen auch so zurückkommen, dass sie von ihren Kindern wieder begrüßt werden können», sagt Henning Otte, der verteidigungspolitische Sprecher der Unionsfraktion im Bundestag. Also ausrüsten und abrüsten. 175 000 Unterschriften hat die neue Friedensinitiative schon gegen die Aufrüstung gesammelt. Bis zu den fünf Millionen von vor vierzig Jahren ist es noch ein Stück. Derzeit redet alle Welt von einem Impfstoff gegen Corona. Vielleicht sind Initiativen wie «Abrüsten statt Aufrüsten» ein Impfstoff für den Frieden.

Recht giftig.[25]   Man nennt sie «Drogentote»: Im Jahr 2019 waren es 1398 Menschen, die in Deutschland diesen Tod gestorben sind; im Vergleich zum Vorjahr ist das ein Anstieg um fast zehn Prozent. Sie zu zählen ist wichtig und richtig, aber zugleich verschleiernd. Keiner der Tausenden, die an Alkohol- und Nikotinmissbrauch sterben, geht in diese Statistik ein. Der Drogentod ist der Tod von Menschen, die infolge des Konsums illegaler Substanzen gestorben sind. Sie sterben manchmal an der Droge, oft aber mit der Droge; diese Unterscheidung hat uns das Coronavirus gelehrt. Sie sterben nicht nur an Überdosierung. Sie sterben an dreckigen, gestreckten Substanzen, weil sie sich andere nicht leisten können. Sie sterben im Straßenverkehr, weil sie berauscht sind. Sie sterben an Infektionen und Krankheiten, weil sie infizierte Spritzen benutzen. Sie sterben an Verzweiflung, weil sie sich das Leben nehmen. Der Drogentod ist keine medizinische, er ist eine soziale Bezeichnung.

1398 Tote. Daniela Ludwig, die Drogenbeauftragte der Bundesregierung, gab diese besorgniserregende Zahl am 24. März bekannt. Die Zahl hat kein Aufsehen und keine Besorgnis erregt; sie ist dem Corona-Lockdown zum Opfer gefallen. Dem Lockdown zum Opfer gefallen sind auch Beratungsstunden und Hilfen, die Drogenabhängige brauchen, um zu überleben. Die Drogentoten bekamen nicht einmal den ihnen statistisch zustehenden Teil an Aufmerksamkeit. Es ist, als hätten sich Politik und Gesellschaft an das Drogenelend gewöhnt; dabei wäre es leichter abzustellen als das Corona-Elend. Den elenden Tod bringt hier meist nicht die Droge selbst, sondern ihre Kriminalisierung. Sie treibt die Preise in die Höhe, verursacht mafiöse Herstellung und mafiösen Handel, Dealerei, Diebstahl und Prostitution, um schnell ans nötige Geld zu kommen.

Die moderne Medizin spricht nicht mehr von Abhängigkeit und Missbrauch, sondern von Substanzgebrauchsstörungen. Die Suchthilfe hat ihr Konzept umgestellt. Früher galt, grob gesagt: Der Klient muss erst auf die Schnauze fallen, dann lässt er die Finger vom Stoff. Aber viele schaffen das nicht und sterben erst den sozialen und später den leiblichen Tod. Darum ist es nicht mehr das Nahziel der Unterstützung, dass die Hilfesuchenden abstinent werden, sondern dass sie überleben, möglichst gesund und in einigermaßen guten sozialen Beziehungen. Praktisch heißt das: Gesundheitsversorgung organisieren und Konsumräume einrichten.

Das klingt zunächst suspekt und skandalös; Rauschgiftkonsum ist höchst angstbesetzt – auch das Kiffen, das Psychosen auslösen kann und nicht verniedlicht werden sollte. Jeder hat die Bilder der «Kinder vom Bahnhof Zoo» im Kopf. Das Buch ist von 1978, der Film von 1981. Politik und Gesellschaft haben daher bei der Suchtbekämpfung auf rigide Prohibition gesetzt. Tom Koenigs, ehemals Vorsitzender des Bundestagsausschusses für Menschenrechte, stellte dazu fest: Keine andere international verfolgte Strategie habe in den vergangenen Jahrzehnten so systematisch Gewalt, Menschenrechtsverletzungen, Korruption und Ausbreitung von HIV/Aids erzeugt wie die Prohibition von Drogen. «Entkriminalisierung und regulierte Abgabe von Drogen über Apotheken», sagt er, «sind kein Eingeständnis der Unvermeidbarkeit von Drogenkonsum, sondern die wirksamste Strategie, Abhängigkeit und einhergehende Gefahren und Schäden zu verringern.»

Vielleicht hilft nun das Bundesverfassungsgericht. Ein Jugendrichter des Amtsgerichts Bernau bei Berlin hat dort das Drogenstrafrecht zur Prüfung vorgelegt; er hält es für grundgesetzwidrig. Sein Argument: Durch übertriebene Kriminalisierung verursacht es das Elend, das es zu bekämpfen vorgibt. Der Jugendrichter Andreas Müller plädiert für die Legalisierung jedenfalls von Cannabis. Müller ist kein Softie; er kann zulangen: Bei Neonazis hat er als Bewährungsauflage das Tragen von Springerstiefeln untersagt. Und eine junge Frau, die den Hitlergruß zeigte, ließ er mit jungen Türken zusammen Döner essen. Müllers Initiative liegt auf einer Linie, die Kriminologen und Kriminalisten seit dreißig Jahren vertreten. Die Jugendrichter haben schon bei ihrem ersten Bundeskongress 1993 dafür plädiert, eine Drogenfreigabe zu riskieren. Sie merken tagtäglich, dass man Kranke nicht mit Strafe heilen kann. Doch die Angst des Strafgesetzgebers vor allem, was als «Liberalisierung» bezeichnet wird, stand einer Neuorientierung der Drogenpolitik entgegen.

Karlsruhe hätte der Neuorientierung 1994 Rückenwind geben können. Doch der *Wind of Change* war damals nur ein Lüftchen. Die Verfassungsrichter hoben das Verbot von Haschisch nicht auf, mahnten nur zu strafrechtlicher Zurückhaltung beim Eigenverbrauch: Das Drogenstrafrecht sei noch nicht offensichtlich falsch. Gilt das 26 Jahre später immer noch? Der Jugendrichter, der es in Karlsruhe vorgelegt hat, hofft auf bessere Erkenntnis.

Am 21. Juli war der Internationale Gedenktag für verstorbene Drogenabhängige. Der Tag steht für die Forderung nach einer Drogenpolitik, die nicht Verurteilung und Bestrafung, sondern Gesundheit und Wohlergehen der Abhängigen im Blick hat. Zu diesem Zweck Drogenkonsum akzeptieren? Darf man das? Diakonie und Caritas sagen Ja. Doch was Betroffene, Angehörige und Experten wünschen, gilt in der Mehrheitspolitik als Unding. Und Eltern sorgen sich, ihre Kinder würden in die Abhängigkeit rutschen, wenn sie Cannabis konsumieren. Ein striktes Verbot scheint dem abzuhelfen. Die Erfahrung zeigt und Studien belegen, dass das nicht stimmt. Einmal in der Illegalität gelandet, führt der Weg für Jugendliche schwer heraus und damit meist tiefer hinein in den Konsum. Wenn dann Ausgrenzung, Kriminalisierung und Vorurteile unter die Droge gemischt werden, wird sie schnell tödlich. Es gilt, diese Mischung zu beenden.

Wenn Daten da sind, werden sie auch missbraucht.[26] Bei dem Satz «Die Männer sind alle Verbrecher» handelt es sich um eine Schmonzette, um eine witzige Liedzeile aus dem Jahr 1913; sie stammt aus der Operette «Wie einst im Mai». Seit einiger Zeit wird die Schmonzette zur Tragödie fortgeschrieben, nicht in einer Neuauflage der alten Operette, sondern in der aktuellen Sicherheitspolitik. Bei dem Satz «Die Menschen sind alle Verbrecher» handelt es sich nicht um einen Operettenwitz, sondern um ein legislatives Motto. Es findet sich zwar nicht wörtlich in den neuen Gesetzen, aber die Menschen werden so behandelt –

als potenziell verdächtig, als Störerinnen und Störer, als Gefährderinnen und Gefährder, als Straftäterinnen und Straftäter.

Früher wurden Fingerabdrücke nur nach Verbrechen von Verdächtigen genommen. Dann wurden sie auch von allen Flüchtlingen genommen und in der zentralen Datei Eurodac gespeichert; alle Sicherheitsbehörden haben darauf Zugriff. Nun zwingt der Staat alle Bürgerinnen und Bürger, auf den neuen Personalausweisen ihre Fingerabdrücke speichern zu lassen – und zwar den Abdruck des rechten und des linken Zeigefingers. Das soll vom 2. August 2021 an so gelten.

Das einschlägige Gesetz, es basiert auf der EU-Verordnung 2019/1157, wurde inzwischen vom Bundestag verabschiedet. Es dient, so der Name des Gesetzes, der «Stärkung der Sicherheit»: Straftaten, die unter Identitätstäuschung begangen werden, sollen so ausgeschlossen werden. Die Kriminalstatistiken zeigen freilich, dass solche Straftaten nicht zunehmen, sondern zurückgehen.

Die Fingerabdruckpflicht ist nicht einfach nur ein Symbol des Sicherheits- und Präventionsstaats, sie ist sein Instrument; sie ist ein Beitrag zur Totalerfassung der Bürgerinnen und Bürger, wie sie das Bundesverfassungsgericht eigentlich verboten hat. Und es ist wohl mehr als ein Zufall, dass nicht nur die Fingerabdrücke festgehalten werden sollen, sondern der zum Finger gehörige Mensch eine Nummer erhalten soll: Die Steuer-ID, die vor 13 Jahren eingeführt wurde, wird als universelle Personenkennziffer eingeführt. So will es Bundesinnenminister Horst Seehofer im Referentenentwurf zu einem «Registermodernisierungsgesetz».

Ein Fingerabdruck ist ein biometrisches Merkmal, das einen Menschen sein Leben lang kontrollierbar macht. Im Reisepass ist dieser Fingerabdruck schon seit 2007 verpflichtend. Aber den muss man sich ja nicht ausstellen lassen; man braucht ihn nur für Reisen in bestimmte Länder. Einen Personalausweis aber braucht jeder, vom 16. Lebensjahr an ist er Pflicht. Man kann dem Fingerabdruck also künftig nicht mehr entkommen. Kritikern der Fingerabdruckerei wollen die Sicherheitspolitiker den Wind aus den Segeln nehmen mit dem Hinweis darauf, dass die Fingerprints nicht in einem Zentralspeicher landen, sondern nur auf dem Personalausweis selbst festgehalten werden. Und den Gegnern der zentralen Personenkennziffer wird gesagt, dass eine neue «Registermodernisierungsbehörde», angesiedelt beim Bundesverwaltungsamt, die Kennziffer des Bundeszentralamts für Steuern und die damit verknüpften Daten nur weitergibt, aber kein eigenes Register führt.

Solche Beschwichtigungen sind nicht viel wert. Als die Steuer-ID eingeführt wurde, gab es das Versprechen, dass sie nur für die Steuer und für nichts anderes als die Steuer verwendet werden wird. 13 Jahre später soll nun daraus eine allgemeine Bürgernummer werden.

Es ist leider ein Erfahrungssatz: Wenn Daten da sind, werden sie auch genutzt und missbraucht. Daten wecken Begehrlichkeiten. Man könnte sie also auch zur Überwachung von Corona-Maßnahmen einsetzen, also zum Beispiel von Reisebeschränkungen und Quarantäne. Es ist leider auch ein Erfahrungssatz: Im Sicherheitsrecht kommt so gut wie nie wieder etwas weg, es kommt immer nur Neues hinzu – neue Dateien, neue Eingriffsmaßnahmen. Die alten Eingriffsmaßnahmen werden, wenn sie zeitlich befristet sind, immer wieder verlängert. Und die neuen Eingriffs- und Sicherheitsmaßnahmen nutzen den alten Gewöhnungseffekt. In der Sicherheitspolitik ist der Quatsch von gestern das Recht von morgen.

Wenn das so weitergeht, wird es in nicht allzu langer Zeit am Sitz von Europol in Den Haag eine zentrale Bürger-Erfassungsstelle geben. Dort werden dann die Fingerabdrücke von 450 Millionen Europäerinnen und Europäern gespeichert und für Sicherheitsbehörden abrufbar sein – von Verdächtigen und

Unverdächtigen, von Bescholtenen und Unbescholtenen, von Jungen und Alten, von Auffälligen und Unauffälligen. Weitere Jahre später wird man sich mit dem Registrieren digitaler Fingerlinien nicht mehr begnügen wollen; man wird auch DNA-Profile speichern wollen, weil das, wie es heißen wird, noch mehr Sicherheit bringt. Sicherheitsbedürfnisse sind strukturell unstillbar.

Das Konzept der Prävention hat keine eingebaute Bremse; es kennt keine Verhältnismäßigkeit; es will immer mehr. Dieser Gier nach immer mehr Erfassung muss Einhalt geboten werden. Im Volkszählungsurteil von 1983 hat das Bundesverfassungsgericht ein Grundrecht auf informationelle Selbstbestimmung proklamiert, das den Bürger «gegen unbegrenzte Erhebung, Speicherung, Verwendung und Weitergabe seiner Daten» schützt. Niemand soll, so Karlsruhe, befürchten müssen, «dass abweichende Verhaltensweisen jederzeit notiert und als Information dauerhaft gespeichert, verwendet und weitergegeben werden».

Später, im Jahr 2007, ergänzten die höchsten deutschen Richter: Eine «Sammlung der dem Grundrechtsschutz unterliegenden Daten auf Vorrat zu unbestimmten oder noch nicht bestimmbaren Zwecken» sei «mit dem Grundgesetz nicht vereinbar». Das höchste Gericht wird noch viel deutlicher werden müssen. Der Europäische Gerichtshof in Luxemburg auch.

Winfried Hassemer, der 2014 verstorbene große Strafrechtsgelehrte und frühere Vizepräsident des Bundesverfassungsgerichts, sah schon vor 15 Jahren die Gefahr, «dass der Bürger zum Ausforschungsobjekt wird». Diese Befürchtung ist eingetreten. Man muss ihr entgegentreten.

Schön warm: Ein coronales Klima. Corona ist an vielem, aber nicht an allem schuld. Corona ist schuld an einem gesellschaftlichen Reizklima, das immer gereizter wird. Corona ist aber nicht schuld daran, dass der Herbst 2020 einer der wärmsten Herbste seit Beginn der Aufzeichnungen war, seit 1881. Diese Meldung des Deutschen Wetterdienstes kann als Hinweis darauf dienen, dass es große Probleme gibt, die noch große Probleme sein werden, wenn die Pandemie wieder vergessen ist: Der Klimawandel führt in die Hölle auf Erden.

Gegen diese Gefahr, die seit über dreißig Jahren wissenschaftlich fundiert beschrieben wird, gibt es keine Impfung. Es gibt nur den unendlich anstrengenden Versuch, den Anstieg der Erderwärmung zu stoppen, lang bevor er zwei Grad erreicht. Schon ein Temperaturanstieg um ein Grad könnte zum massiven Anstieg der Meeresspiegel führen. Wenn die Forscher diesen Anstieg berechnen, ist das nicht Alarmismus; der Anstieg ist die Zukunft, wenn nichts getan wird. Eine globale Erwärmung von zwei Grad, Ozeane inbegriffen, bedeutet für die Kontinente dreieinhalb Grad. In Berlin, so rechnet es der Klimaforscher John Schellnhuber vor, wäre es dann vier Grad wärmer als heute, «da sind wir in Messina». Schön warm? Nein, denn «man wäre in einem Zustand der Unangepasstheit». Nicht nur die Wälder kämen da nicht mehr mit.

Die Mahnungen der Klimaforscher und Umweltschützer erinnern an einen Satz, der zum geflügelten Wort geworden ist: «Du hast keine Chance, aber nutze sie». Der Satz stammt aus der Schlusssszene des Films «Die Atlantikschwimmer» von Herbert Achternbusch. Der Film von 1976 handelt von dem Versuch, den Ozean zu durchschwimmen. Das war die Zeit, in der der Club of Rome «Die Grenzen des Wachstums» publizierte und US-Präsident Carter die Studie «Global 2000» in Auftrag gab, die dann Anzeichen für Klimaveränderungen beschrieb.

Es dauerte Jahrzehnte, bis die Weltklimakonferenz in Paris 2015 das Zwei-Grad-Ziel vereinbart, aber über die Wege dahin wenig gesagt hat: Die globale Erwärmung soll bis 2100 auf deutlich unter zwei Grad Celsius begrenzt werden, verglichen mit dem Niveau vor der Industrialisierung. Schellnhuber, der als ein

Vater dieses Ziels gilt, ist unglücklich mit dem Wort: «Ziel wäre es natürlich, die Erderwärmung auf Null zu bringen». Er nennt die zwei Grad eine «absolute Grenze», eine «Leitplanke».

Du hast keine Chance, aber nutze sie? Hier kommt nun doch Corona ins Spiel. Schellnhuber schöpft Hoffnung: Ist Covid-19 die erste Pandemie, die wir Menschen einigermaßen beherrschen? Wenn das so ist, lässt sich dann auch die Klimakrise kontrollieren? Vielleicht. Aus der Pandemie kann man lernen, dass der Staat zur Lösung existenzieller Bedrohungen in der Lage ist; er kann durchgreifen, muss sich nicht auf Compliance verlassen und findet dafür mehrheitlich Zustimmung. Zwischen Corona- und Klimakrise gibt es aber einen großen Unterschied, der allen Bemühungen, die Erderwärmung zu stoppen, zu schaffen macht: Bei Corona fühlt jeder Mensch die Bedrohung; dafür sorgt schon die Gesichtsmaske; er fühlt die Bedrohung an jeder Supermarktkasse, bei jeder Nachrichtensendung. Und, vor allem: Bei Corona realisiert sich die Gefahr in kurzer Zeit am eigenen Leib. Bei der Erderwärmung kommt die Katastrophe in achtzig Jahren, und die Gefahr realisiert sich erst an den Kindeskindern.

Die Bewältigung der Klimakrise erfordert also ein viel weiteres Bewusstsein als bei Corona, eine nie dagewesene Solidarität. Es geht hier um eine Umstellung des Lebens, nicht nur, wie bei Corona, für ein paar Monate, sondern für immer – aus Solidarität mit noch ungeborenen Menschen. Eine Rückkehr zur Normalität wird es nicht geben können, weil die Normalität die Ursache der Klimakrise ist. Es braucht, um die Katastrophe abzuwenden, eine Transformation aller Lebensbereiche, auch des wachstumsgetriebenen kapitalistischen Betriebssystems. Das beginnt damit, den Verbrennungsmotor aufzugeben, setzt sich fort im anders Heizen, Reisen, Essen. Dies verlangt Durchhaltevermögen und eine Imaginationskraft, wie sie, so befürchtet Schellnhuber, den Menschen nicht gegeben sind. Vor dreißig Jahren hat er das Potsdam-Institut für Klimafolgenforschung gegründet und aus einer von anderen Disziplinen belächelten Klitsche eine weltweit gerühmte Forschungsstätte gemacht. Du hast keine Chance, aber nutze sie! Jetzt geht Schellnhuber daran, sehr unterstützt von Ursula von der Leyen und der EU, aus dem «keine» das «k» zu streichen.

Im neuen Projekt «Europäisches Bauhaus» steckt die Summe seiner Erfahrungen. Es ist der Versuch, einen «bisher sträflich vernachlässigten» Faktor in die Klimagleichung einzubringen: die gebaute Umwelt. Der Gebäudesektor, so Schellnhuber, verursache 40 Prozent der CO_2-Emissionen. Würden alle Bauprojekte, die auf der Welt schon geplant sind, mit Stahlbeton umgesetzt, wäre «das Budget, das für die zwei Grad noch verblieben ist», bereits überzogen. Das neue Bauhaus, ein kreatives interdisziplinäres Projekt, will daher klimafreundliche Bauweisen entwickeln – aus Holz, Lehm, Binsen und Schilf. Es ist inspiriert vom Bauhaus in Weimar, das 2019 das 100. Jubiläum feierte. Für Städte sollen Konzepte des Zusammenlebens vorgestellt und «Verirrungen wie freistehende Einfamilienhäuser» vermieden werden. Es gab noch keine Epoche, so Schellnhuber, in der die Menschheit so scheußlich, menschen- und klimafeindlich gehaust habe wie heute. Das will er ändern.

Das «Europäische Bauhaus» will Bauhäuser an verschiedenen Orten in der EU errichten: ein Bauhaus des Klimas, eines der Generationen, eines der Kunst. Es sollen Lehr- und Lernprojekte sein, wie Menschen in Zukunft besser bauen und leben können. Keine Chance? Der Schriftsteller Victor Hugo hat vor 150 Jahren geschrieben, nichts auf der Welt sei so mächtig wie eine Idee, deren Zeit gekommen ist. Für das Klima ist es allerhöchste Zeit.

Vom Aufatmen

++

Frei heraus reden, an die Zukunft glauben:
die Sehnsucht nach einer Kommunikation
ohne Hindernisse.

++

Das Virus nimmt denen, die es überfällt, den Atem. Luftnot ist eine der gefährlichsten Bedrohungen, die Corona mit sich bringt. Die Bilder von Menschen, die auf Intensivstationen beatmet werden, um nicht zu ersticken, gehören zu den schockierendsten, die von dieser Pandemie im kollektiven Gedächtnis bleiben werden.

Corona nimmt den Infizierten die Luft. Aber auch der Schutz vor dem Virus beeinträchtigt das Atemholen. Der kollektive Ausdruck ist die Atemmaske, ein Stück Stoff, das das Atmen mühsam macht, Reden erschwert, Mimik verdeckt, Verständigung behindert, und, so beklagen Geschäftsleute und Gastwirte, den Leuten die Lust aufs Ausgehen nimmt. Der Mundschutz ist textile Infektionsverhinderung, sein Subtext ist Kommunikationsbehinderung. Er steht nicht nur für mitmenschliche Verantwortung, er steht auch für nicht gelingende Kommunikation in der alltäglichen Begegnung, in der gesellschaftlichen Diskussion, der Politik und zwischen den Wissenschaften. Die Atemmaske zu tragen ist in der Corona-Krise Routine geworden, aber nicht zur geliebten. Je länger man sie tragen muss, desto größer der Wunsch nach einem Aufatmen, nach Überwindung der Kommunikationsblockaden.

Die Sehnsucht nach einem Aufatmen ist gewaltig groß. «I can't breathe», skandierten die Menschen, die nach der Tötung von George Floyd auf die Straßen strömten und protestierten. «Ich kann nicht atmen!» Dieser Ausruf hat viele Menschen wohl auch deshalb so besonders berührt, weil er mehr ausdrückte als das, was er in dem Moment sagte. Sie haben das Gefühl, manchmal keine Luft mehr zu kriegen unter der Glocke von Gewalt, Angst und Corona. Die Gesellschaft braucht in und nach der Pandemie mehr als Gesundheit. Sie braucht Heilung.

… «Bleiben Sie gesund» – dieser kleine Satz ist zur coronaren Verabschiedungsformel geworden. Bleiben Sie gesund: Das ist eine liebenswürdig-verlegene, das ist eine zuversichtliche Formel in zermürbender Zeit; das ist ein guter und frommer Wunsch. Manchmal klingt der Satz nach so vielen Monaten der Pandemie schon arg routiniert, manchmal blitzt darin aber Optimismus auf, so wie ein Stern am finsteren Himmel. Bleiben Sie gesund: Die Hoffnung, dass die Impfungen möglichst bald Wirkung zeigen, steckt auch darin, vielleicht auch die Hoffnung, dass in der Nach-Corona-Zeit nicht Alles, aber doch Vieles wieder so sein wird wie vorher. Manchmal klingt der Satz freilich auch imperativ. Dann steht hinter dem «Bleiben Sie gesund» ein großes Ausrufezeichen, dann klingt der Wunsch nach Befehl und Beschwörung.

Im Augenblick steht die Menschheit da und versteht einander und die Welt nicht mehr. Das Chaos, das die Pandemie geschaffen hat, ist global und beängstigend. Es ist nicht ganz klar, ob die Ungleichheiten und Spaltungen in den Gesellschaften und zwischen den Nationen zunehmen, oder ob die bestehenden Ungleichheiten und Spannungen nur stärker ans Licht kommen. Corona ist wie eine gewaltige globale Sturmflut. Wenn die Wellen heranrollen, vergehen einem Hören und Sehen unter ihrer Gewalt. Wenn die Wellen abflauen, sieht man den Dreck am Ufer liegen, den man sonst nicht sieht, wenn man aufs blaue Meer blickt, von dem man aber weiß, dass er darin schwimmt.

Die Menschheit steht ängstlich und verwirrt da, und es gibt keinen Reset-Knopf. Die alten Krisen werden nicht bewältigt sein, wenn Corona bewältigt ist. Die Gewalt der Corona-Wellen besteht auch darin, dass sie lebens- und überlebenswichtige immaterielle Güter fortspülen, nämlich das Vertrauen und die Hoffnung. Müdigkeit. Pessimismus und Verzweiflung grassieren.

Optimismus wäre gefragt, Optimismus ist gefragt, also die Fähigkeit, das Beste zu hoffen. Diese Feststellung ist weit entfernt von Gefühligkeit, sie ist Teil dessen, was Sache ist. Optimismus ist die Bedingung für die Möglichkeit von Politik. Damit meine ich nicht jenen falschen Zweck-Optimismus, der das Elend elegant überspringt; ein solcher Sprung bringt Enttäuschung und vermehrt die Aggression der Enttäuschten. Corona hat Konflikte an die Oberfläche gebracht, sie sichtbar gemacht, pointiert und verschärft. Das ist die Härte des Virus, das ist aber auch sein Verdienst, sofern das Managermantra gilt, dass man in jeder Krise die Chance sehen soll.

Corona hat Konflikte verschärft. Die Frage nach dem Stellenwert des Rechts auf Leben – sie war schon durch das Sterben der Flüchtlinge im Mittelmeer drängend. Die Fragen nach der Notwendigkeit massiver staatlicher Eingriffe und nach der Rolle des Parlaments dabei – sie waren schon in der Bankenkrise drängend und sie werden es erst recht in der Klimakrise sein. Die Frage nach der Sammlung und der Nutzung von Daten – sie war schon nach den Enthüllungen von Edward Snowden drängend. So kann man die Fragen weiter aufzählen, und es ist mühsam, furchtbar mühsam, Antworten zu finden.

Aber eines ist durch Corona auch deutlich geworden: Welche Antworten auch immer gesucht und gefunden werden, das Suchen und Finden darf kein autoritäres werden, es muss ein demokratisches Suchen und Finden bleiben beziehungsweise ein demokratisches Suchen und Finden werden. Es muss mit dem Wissen einhergehen, dass es immer eine Vielheit von Stimmen und Alternativen, dass es den mühsamen Weg des Hörens, Verstehens und Aushandelns gibt – der nicht dadurch ersetzt werden kann, dass man sich auf «das Volk» oder «die Wissenschaft» beruft, auf «die Vernunft» auf «die Gesundheit» oder auf die «Alternativlosigkeit». Im Streit über Corona-Bonds und die nötigen Finanzhilfen für Südeuropa, in der Konkurrenz beim Erwerb von Schutzausrüstung, in der Debatte über die Anschaffung und Verteilung des Impfstoffs brechen Traumata auf, die durch eine jahrzehntelange Politik der vermeintlichen Alternativlosigkeit verursacht wurden. Nicht nur die Bekämpfung des Virus ist das Ziel. Auch der Weg dahin ist das Ziel, nämlich dabei die Gesundheit der Demokratie und den gesellschaftlichen Ausgleich zu bewahren.

Bleiben Sie gesund! Was ist eigentlich Gesundheit? Der Wunsch wird einem ja entboten und hinterhergerufen, egal ob man kerngesund ist, egal, ob man an Diabetes, Depression, Bandscheibenvorfall leidet oder man gerade zwischen seinen Chemotherapien steckt – als bestünde Gesundheit schon darin, frei vom Virus zu sein. Ist Gesundheit die Abwesenheit von Krankheit? Oder die Immunität gegen sie? So ein aseptisches Verständnis von Gesundheit kann krankmachen, es kann das Leiden derer vergrößern, die nicht geheilt werden können. Gesund ist es, auch mit einer Krankheit leben zu können, eventuell sogar aus ihr Kraft zur Lebensveränderung zu gewinnen. Das meine ich nicht als wohlfeilen Ratgeberspruch.

Das bedeutet nicht, dass man dem Virus, der Krebszelle oder dem Unfall einen esoterischen Sinn oder eine höhere Weihe verleiht. Virus, Krebs oder Unfall sind an sich keine Chance, sie sind kein hintersinniger Fingerzeig, sie sind keine moralische Aufgabe. Eine Krankheit beeinträchtigt das Leben, eine tödliche

Krankheit setzt dem Leben ein Ende. Schmerzen tun weh und machen keinen Helden oder besseren Menschen aus dem Geplagten.

Aber es ist eine Illusion, Krankheit und Schmerzen und Viren völlig entkommen zu können, sie völlig verschwinden lassen zu können. Es geht auch darum, sie ins Leben zu integrieren, ins persönliche und in das gesellschaftliche. Zu ihrer Bewältigung ist mehr notwendig, als sie mit Medikamenten und Impfungen zu bekämpfen. Das Ringen um Heilung und Überleben ist dringend geboten; die Suche nach den richtigen Wegen dahin ist unabdingbar. Das Privatisieren und Sparen im Pflege- und Gesundheitswesen war eine Verirrung und gehört zur erwähnten Politik der angeblichen Alternativlosigkeit. Die Corona-Wellen haben diesen Dreck sichtbar gemacht. Aber notwendig im Sinne von Not wendend ist auch ein gewisses Maß an Akzeptanz, dass das Leben sterblich ist, und die Kraft der Hoffnung – also ein gesunder Optimismus, der Bedrohung zum Trotz.

Dietrich Bonhoeffer, wegen seines Widerstands gegen Hitler im Gefängnis, schrieb über Gesundheit und Optimismus diese Sätze: «Optimismus ist bei den Klugen verpönt. Es ist klüger, pessimistisch zu sein: Vergessen sind die Enttäuschungen und man steht vor den Menschen nicht blamiert da. Optimismus ist in seinem Wesen keine Ansicht über die gegenwärtige Situation, sondern er ist eine Lebenskraft, eine Kraft der Hoffnung, wo andere resignieren, eine Kraft, den Kopf hochzuhalten, wenn alles fehlzuschlagen scheint, eine Kraft, Rückschläge zu ertragen, eine Kraft, die die Zukunft niemals dem Gegner lässt, sondern sie für sich in Anspruch nimmt. Es gibt gewiss auch einen dummen, feigen Optimismus, der verpönt werden muss. Aber den Optimismus als Wille zur Zukunft soll niemand verächtlich machen, auch wenn er hundertmal irrt. Er ist die Gesundheit des Lebens.»

Diese Gesundheit des Lebens für die Zeit in und nach

Corona wünsche ich uns: Dass die Menschen wieder miteinander reden können, dass die angstbesetzte Polarität der Reaktionen auf Corona einem zuhörenden und diskutierenden Miteinander Platz macht.

Hoffnung ist der Wille zur Zukunft. Diese Hoffnung muss wieder Atem bekommen.

Quellen

1. Das Folgende erschien zuerst im Newsletter *Prantls Blick* vom 15. März 2020
2. Das Folgende erschien zuerst in der *Süddeutschen Zeitung* vom 21. März 2020
3. Das Folgende erschien zuerst in der *Süddeutschen Zeitung* vom 28. März 2020
4. Das Folgende erschien zuerst in der *Süddeutschen Zeitung* vom 4. April 2020
5. Das Folgende erschien zuerst im Newsletter *Prantls Blick* vom 5. April 2020
6. Das Folgende erschien zuerst als SZ-Video am 7. April 2020
7. Das Folgende erschien zuerst im Newsletter *Prantls Blick* vom 11. April 2020
8. Das Folgende erschien zuerst im Newsletter *Prantls Blick* vom 19. April 2020
9. Das Folgende erschien zuerst im Newsletter *Prantls Blick* vom 25. April 2020
10. Das Folgende erschien zuerst im Newsletter *Prantls Blick* vom 21. Juni 2020
11. Das Folgende erschien zuerst als SZ-Video am 26. Juli 2020
12. Das Folgende erschien zuerst im Newsletter *Prantls Blick* vom 9. August 2020
13. Das Folgende entstand auf Basis des SZ-Videos vom 30. September 2020
14. Das Folgende erschien zuerst im Newsletter *Prantls Blick* vom 4. Oktober 2020
15. Das Folgende erschien zuerst im Newsletter *Prantls Blick* vom 11. Oktober 2020
16. Das Folgende erschien zuerst im Newsletter *Prantls Blick* vom 18. Oktober 2020

17 Das Folgende erschien zuerst in der *Süddeutschen Zeitung* vom 14. November 2020

18 Das Folgende erschien zuerst im Newsletter *Prantls Blick* vom 13. Dezember 2020

19 Das Folgende entstand auf Basis des Newsletters *Prantls Blick* vom 18. April 2020

20 Das Folgende erschien zuerst im Newsletter *Prantls Blick* vom 31. Mai 2020

21 Das Folgende erschien zuerst im Newsletter *Prantls Blick* vom 24. Mai 2020

22 Das Folgende erschien zuerst im Newsletter *Prantls Blick* vom 23. Februar 2020

23 Das Folgende erschien zuerst in der *Süddeutschen Zeitung* vom 23. Mai 2020

24 Das Folgende erschien zuerst im Newsletter *Prantls Blick* vom 15. November 2020

25 Das Folgende erschien zuerst in der *Süddeutschen Zeitung* vom 18. Juli 2020

26 Das Folgende erschien zuerst in der *Süddeutschen Zeitung* vom 5. September 2020